¿COMIENDO EL MUNDO, LLEGA EL CAMBIO?

¿COMIENDO EL MUNDO, LLEGA EL CAMBIO?

Una visión actualizada sobre la consciencia alimentaria que concierne a la humanidad del planeta Tierra

Ismael Ferrer Pérez

Prólogo de
Domingo Buesa Conde

EDICIONES TREA

LA COMIDA DE LA VIDA

© Ismael Ferrer Pérez, 2025
© del prólogo: Domingo Buesa Conde, 2025

Motivo de cubierta: Imagen generada mediante inteligencia artificial a través de un prompt creado por Alberto Gombáu [Proyecto Gráfico]

© de esta edición:
Ediciones Trea, S. L.
C/ Gran Capitán, 52
33213 Gijón. Asturias España
Tel.: 985 303 801. Fax: 985 303 712
trea@trea.es
www.trea.es

Producción: Patricia Laxague Jordán
Maquetación: Alberto Gombáu [Proyecto Gráfico]

ISBN: 979-13-87790-55-4
Depósito legal: AS 02776-2025

Impreso en España – Printed in Spain

A todas aquellas personas que de una manera u otra han sembrado en mí.

Merece la pena defender las ideas que uno tiene, cuando en conciencia uno cree que son justas.
Miguel Servet

A mi mujer, Chrysanthi, por inspirarme y mostrarme cualidades innatas que yo desconocía.

Índice

Prólogo

Hay que iluminar la oscuridad
Will Smith

Este apasionante ensayo que tienes en tus manos nace para invitarnos a reflexionar sobre la importancia de una idea muy básica: la cocina no sirve para nada si no es una celebración de la vida. Por ello, sus páginas nos permitirán ser partícipes de una filosofía que parte de la necesidad de encontrar la armonía entre el planeta y la mesa, de entender que los alimentos están vivos y que «la comida es cultura cuando se produce, se prepara y se consume en el lugar de origen», tal como explicó Massimo Montanari hace dos décadas.

Sobre esta idea central, el profesor aragonés Ismael Ferrer Pérez, con valentía y con una larga experiencia en el mundo de la cocina que le avala y le convierte en un gran profesional, se plantea el grave problema que tenemos dejándonos colonizar por una cultura gastronómica igualitaria, decidida por gentes que no tienen en cuenta el planeta ni los escenarios en los que vivimos. Este es un grave problema que hace desaparecer la identidad que —tradicionalmente— ha aportado la cocina a las sociedades y esa riqueza alimentaria que armoniza toda la escala de los guardianes del sabor: los agricultores, los ganaderos, los pescadores o los artesanos, tan necesitados de que les prestemos atención y les apoyemos, en un tiempo en que la universalización de la gastronomía los ha convertido penosamente en algo insignificante.

No les voy a desgranar los contenidos ni las claves de esta visión filosófica que define la comida como fuente de felicidad, de respeto por la Tierra, de convivencia con las gentes que nos rodean, pero les aviso de que la lectura de este ensayo les hará recuperar la necesidad de tejer vínculos de vida y de identidad que nos alertan de ese significado emocional de la cocina-arquitectura como espacio para compartir vida, tradiciones, palabras, risas, emociones o festividades. Y les aseguro que van a ver las cosas de otra manera de la mano de este gran teórico y maestro de la cocina, en el que verán resabios de esa notable revolución alimentaria que, a finales del siglo xx y en los países nórdicos, paró en seco y decidió recordarnos que —contra nuestra voluntad— la Tierra está viva y nos pide acercarnos a ella con «pureza, sencillez y frescura». Estos tres componentes nos permitirán regresar a nuestros lugares, al espacio en el que nos construimos como personas, nos enseñarán a no dañar la naturaleza y, por último, nos ayudarán a desarrollar una identidad culinaria que, al final, es una propuesta personalizada de vida en este mundo dominado por la prisa y la destrucción.

En ese compromiso respetuoso de la comida con el planeta, donde encontraremos medios de luchar contra el hambre y contra el deterioro de la salud humana, se mueve Ismael Ferrer, que llega a plantear que, cambiando el hábito de comer, cambiaremos el mundo. Y sin duda es así, porque «cocinar es tomar una posición frente a la vida», con humildad y con realismo. Pasen página y disfruten con este ensayo que nos propone mejorar nuestra vida, mejorar la herencia que vamos a dejar a nuestros hijos.

Domingo Buesa Conde
Presidente de la Real Academia
de Bellas Artes de San Luis
Zaragoza, febrero de 2024

Introducción

En la apertura de este nuevo milenio, de este nuevo tiempo, la humanidad —por la energía de consciencia que le ha sido dada— debe buscar sentido a sus acciones, y reconocer y vivir de forma colectiva el modelo alimentario que esté en armonía con su vida y con el equilibrio del planeta. El ser humano se está apartando de su relación y su vínculo con la naturaleza a la vez que está perdiendo el respeto por la comida; estos dos elementos desempeñan un papel vital para el devenir de los hombres y mujeres en la Tierra. La vida acontece a tal velocidad que parece que todo vale aunque sea un soberano disparate. Probablemente nunca se ha hablado tanto de cocina como ahora, pero si observamos el modo y soporte en que se hace, es muy fácil entrever que el panorama ha tomado un camino en el que realidad y verdad no van de la mano ni están al servicio del colectivo de los seres humanos ni del planeta.

Ante semejante prueba que la vida ha puesto al ser humano, caben tres posiciones: 1) seguir sin comprometerse, 2) permanecer en el acomodo y formar parte de la complicidad que impera en la sociedad actual de forma generalizada, o 3) participar de manera activa en la reconstrucción del equilibrio planeta/comida, trazar puentes o vías en los que el diálogo y la buena comunicación permitan —a través de la responsabilidad— empezar a cambiar la actualidad, donde cada mujer y cada hombre vuelvan a vivir y disfrutar una alimentación en total armonía con la diversidad, las culturas y los sabores de cada rincón del planeta.

Este libro nace del compromiso por ir más allá en los aspectos que guardan relación con el alimento y la cocina. Cocinar es crear, pero la creación sublime se da cuando se lleva a cabo con la energía del amor y se ofrece al colectivo sin distinciones. Es un deseo abrir un espacio donde todos los intérpretes que intervienen en la conformación de un plato tengan su protagonismo cuando se crea una receta.

Técnicamente es posible acabar con el hambre y con la alimentación basada en la especulación que atenta contra el equilibrio de la naturaleza. Por ello resulta intolerable que más de cinco millones de niños mueran cada año por hambre o por falta de agua, mientras los responsables políticos no aportan soluciones. Por otro lado, parte de la población llena su estómago con un modelo alimentario que genera problemas de obesidad, desequilibrios alimentarios y causa graves perjuicios a la tierra, las plantas y los animales.

La alimentación identitaria *es* cuando el ser humano que la ejecuta está en su identidad, en la realidad y verdad de todo cuanto acontece a su alrededor, y crea una elaboración culinaria en total armonía y equilibrio con el conjunto del planeta. Aquellos que piensan que comer lo mismo en distintas partes de la Tierra es progreso —un buen ejemplo de la globalización— no se dan cuenta del daño que hace y la trascendencia negativa que supone para la sostenibilidad del planeta y la vertebración de los territorios rurales. En el área de la alimentación, pensar globalmente y actuar localmente es la mejor forma de reencontrarnos con el sabor y la felicidad en la mesa. La alimentación identitaria nos va a ayudar a reconocer lo que sucede en torno al alimento desde lo cotidiano a lo global, nos va a permitir comprender cuál es nuestra responsabilidad y las consecuencias que se derivan en la postura que tomamos frente a la comida. Esta metodología nos describe la expresión gastronómica de un lugar para luego tomar nuestras decisiones con consciencia.

Todas las decisiones que tomamos son consecuencia de experiencias y reflexiones. De esta forma se construyen las singularidades y culturas gastronómicas locales o populares, que son la verdadera esencia de la expresión identitaria de la comida y/o gastronomía que podemos encontrar en cada rincón de la Tierra. Lamentablemente, en la actualidad, los intereses de los mercados están modelando muchas de las conductas alimentarias de la sociedad. Cuando el interés no es colectivo, el desequilibrio empieza a tomar fuerza y la vida nos confronta con situaciones que ponen a prueba nuestra posición a la hora de resolver lo que se nos plantea.

El modelo social a nivel global consiste en salir de localidades y pueblos pequeños hacia los grandes núcleos urbanos. Este sangrante éxodo rural está propiciando un nuevo panorama en el planeta en el que la desvertebración es ya una realidad en muchos territorios y sus consecuencias son muy duras y complejas. Así, se han abandonado miles de hectáreas de cultivo y pastos tradicionales, la huerta ha quedado huérfana, la erosión genética es alarmante, la deslocalización de la producción es una evidencia, la sostenibilidad ha quedado en segundo plano, el vínculo de alimentos y estacionalidad ha caído en el olvido, y la pérdida de las culturas gastronómicas locales es una triste realidad. Por todo ello la cocina identitaria local que ha representado la realidad de los territorios en el planeta a lo largo de la historia está retrocediendo ante el nuevo modelo alimentario-gastronómico basado en el alineamiento y monopolio de la comida sin personalidad para perjuicio de los paladares y del equilibrio entre los reinos de la naturaleza. Se ha dañado de forma injusta la imagen del agricultor, ganadero y hortelano tradicional y el artesano, sin tener en cuenta el activo tan grande que han sido para el mantenimiento del patrimonio alimentario local y la cultura culinaria identitaria del planeta.

Creo que Zygmunt Bauman[1] describe con realismo y claridad la sociedad de este siglo, y observo un cierto paralelismo con el estado al que está llegando la cultura de la comida en la vida social:

> Este es, bosquejando a grandes rasgos, el escenario de la vida contemporánea. Los «problemas de los residuos "humanos" y la eliminación de residuos "humanos"» pesan mucho y para siempre en la líquida, moderna y consumista cultura de la individualización (Bauman, 2005).

Hoy, estamos arrinconando lo natural, esa comida que ha convivido y se ha adaptado durante generaciones, y convertimos la comida moderna en un mero bocado residual, superfluo o desechable, por carecer de sabor, personalidad e identidad. Situación paradójica, impensable hace apenas medio siglo, que muestra con rotundidad en qué se ha convertido la globalización. Mantengo hoy con más certeza que ayer, y menos que mañana, la impunidad con la que se está actuando en contra de la comida tradicional por no generar un flujo económico deseable para el negocio de algunas empresas. Tristemente, aquella comida que afloraba en cada punto del planeta como una expresión natural fruto de la interacción e integridad de todos los actores está hoy casi olvidada, y la hemos cambiado por una comida sin valor, con un destino meramente

---

[1] Zygmunt Bauman: *Vidas desperdiciadas*, Barcelona: Paidós, 2005.

especulativo y con una gran carga de residuo que genera en la naturaleza un enorme impacto ambiental. No veamos en el artificio impuro de la nueva ola alimentaria un valor a considerar, la internacionalización de la comida nos lleva al precipicio de la aculturación total. Es una frivolidad inaceptable, muestra lo peor de la condición humana, atenta contra la pérdida del gusto «irrecuperable en muchos casos» y evidencia la decadencia de la comida identitaria frente a la comida alienada, desprovista de alma y conciencia, e infinitamente alejada de la cultura culinaria de la que fue dotado cada rincón del planeta.

En este mundo globalizado es inaceptable el falseamiento de las noticias en materia alimentaria; estarán conmigo en que no todo es válido, y menos inventarse una cocina tradicional que trasgrede la dignidad y la cultura culinaria edificada a lo largo y ancho del planeta. Estamos viendo la colonización de culturas gastronómicas históricas por modelos alimentarios que irrumpen con una fuerza devastadora. Esto tiene consecuencias muy graves y parece que a una gran masa social no le interesa, pero la verdad es que nos afecta a todos.

En pleno siglo XXI, vemos como el hambre sigue presente en el planeta; mientras unos pocos comen a capricho en establecimientos de lujo y dictan órdenes de lo que es bueno y lo que no, asistimos a fenómenos de modas culinarias obscenas mientras desaparece la cultura alimentaria local, el recetario popular y la biodiversidad alimentaria en numerosos puntos del planeta. En las últimas décadas la erosión genética de hortalizas y legumbres es alarmante y ello tiene una acción directa sobre el plato, sobre la pérdida de identidad culinaria, y el adiós definitivo de parte de la cultura del gusto de nuestro planeta. Todas estas cuestiones vislumbran un panorama desalentador; se han cometido grandes errores, pero todavía estamos a tiempo de rediseñar esta realidad que solo beneficia a unos pocos y pone en riesgo el equilibrio de lo que es la casa de todos, la Tierra. No caigamos en ese mundo imaginario y fraudulento donde el único propósito es alcanzar un mundo masificado que coma lo mismo y piense lo mismo. Llegar a ese punto supondría lo mismo que le ocurrió a Ícaro por su imprudencia al sentirse dueño del mundo y desobedecer a su padre. Teniendo la libertad se fascinó por lo maravilloso del vuelo y quiso ir más alto, y tanto se acercó al sol que se derritieron sus alas de cera y se precipitó al mar, donde murió. El alimento no es un bien para caer en manos de imprudentes o irresponsables, es un bien universal que debe estar al alcance de todos los seres humanos, pensar en enriquecerse con él puede ser el principio del final de la especie humana. La libertad también está supeditada a reglas para que realmente se considere libertad. Por lo tanto, no nos quedemos con los brazos cruzados, cada uno debe comprender que tiene su parte de protagonismo y responsabilidad. Este libro pretende compartir puntos de vista y reflexiones para pasar a la acción y salir del acomodo. La fuerza y potencial que cada ser humano tiene en su interior es patrimonio de él o de ella, despreciar este don o no hacer nada es una cuestión que le corresponde a cada uno valorar.

¡Buen provecho!

¿Por qué este libro?

Porque todo sale de la Tierra. El planeta es nuestra casa, es el soporte donde coexisten los cuatro reinos de la naturaleza. Las diferencias entre los distintos rincones de la Tierra desde el punto de vista alimentario son la mayor riqueza del planeta. Todas las acciones agrícolas, ganaderas, culturales y culinarias cotidianas que están fuera del contexto de la diversidad y la educación alimentaria ponen en riesgo la salvaguarda del planeta. Practicar la «alimentación del presente» es vivir la realidad y no contar la verdad a medias. La alimentación del presente es un compromiso que adquiere uno de forma libre para sí y para el colectivo, con el objeto de mantener la armonía y el equilibrio en el planeta Tierra. Es evidente que cambiando el hábito de comer cambiamos el mundo.

El modelo alimentario actual —tanto el productivo como el culinario y el gastronómico— está acabando con la identidad, armonía y equilibrio del planeta, y a la vez está confrontando a la sociedad con la realidad más dura para poder gestionar esta comprometida situación que tiene consecuencias para todos los seres humanos. Es momento de tomarse muy en serio la realidad alimentaria; el ser humano ha ido demasiado lejos, el momento de actuar es ahora. La consciencia es el valor humano al que deben acceder las personas para hallar las respuestas al desorden creado por ellas mismas en sus actos conscientes e inconscientes, y así recuperar el orden y el sentido de la vida. Comprometerte por una causa justa, ser claro, certero y preciso en tus argumentos no te encadena, todo lo contrario: te libera. Es una evidencia que el modelo alimentario actual está caduco y es insostenible, por ello, si no nos tomamos en serio esta realidad, la herencia que vamos a dejar a las generaciones próximas será irreparable.

Hay demasiados comportamientos dentro del mundo de la producción alimentaria, de los hábitos culinarios y de la gastronomía moderna que deben replantearse. La posición que cada uno adopta frente a la cadena alimentaria es un acto de servicio al colectivo y un gesto universal cuando prevalecen conceptos y sinergias que salvaguardan el orden en la Tierra. Toda acción que llevamos a cabo en una cocina puede ser un acto de creación y amor en toda regla para conformar la verdadera cocina del presente. Una cocina basada en valores universales, en saber reconocer y reforzar al sector agroganadero local, en defender la biodiversidad alimentaria y sus singularidades, en fomentar el desarrollo sostenible, en difundir los alimentos tradicionales, en proteger la cultura gastronómica de cada territorio, en fomentar la investigación y la transferencia de conocimientos que redunden en la mejora del sabor natural en los alimentos y en la defensa de la soberanía alimentaria. La alimentación del presente debe reflejar un equilibrio entre los reinos de la naturaleza, el patrimonio alimentario y la cocina de cada territorio. Esta máxima debe ser el referente en el que mirarnos para situarnos en el contexto global hacia el que queremos dirigirnos. A algunos les podrá parecer poco, pero hay mucho por investigar, trabajar y concienciar en este sentido. La realidad social cotidiana ligada a la comida se ha alejado demasiado de la armonía y el equilibrio entre los distintos reinos de la naturaleza. Seamos conscientes y empecemos poco a poco a reconstruir y reconocer el equilibrio entre el planeta y la mesa.

El planeta en la mesa

El ser humano hace varias comidas al día, lo que le permite obtener la energía necesaria para su desarrollo y su actividad cotidiana, así como hacer consciente la energía del gusto para enviar a la Tierra un alimento energético en relación con el lugar donde vive. De esta manera podemos reconocer que aquellos alimentos que tienen una calidad nutritiva y energética mayor para nosotros la tienen también para el planeta. La Tierra es un ser vivo que aglutina una cultura en torno al sabor y al gusto, construida por todo el colectivo de mujeres y hombres. La alimentación de este nuevo tiempo es comprender a otro nivel lo que representa el planeta en la alimentación, y la trascendencia que tiene sobre las cocinas y mesas de cada rincón de la Tierra.

Comprender de forma libre el verdadero significado que tienen los hábitos del ser humano y su relación con la totalidad de la Tierra es un gesto encomiable. Asistimos a un escenario nuevo y contradictorio: nunca se había producido tanta comida en el planeta y, por otro lado, se constata que la naturaleza e idoneidad de los alimentos en cuanto a cualidades organolépticas y de micronutrientes han menguado considerablemente. Hay que dedicar tiempo a discernir qué es necesario saber y hacer a la hora de comer y comprender la trascendencia que tiene en nuestro hábitat. Con nuestro hábito en la mesa podemos cambiar el desorden alimentario actual, contribuir a minorizar el desperdicio, acabar con el hambre en la Tierra, y reencontrar la sostenibilidad y el equilibrio en ella.

Lo particular de este concepto de alimentación es que no se trata de concebir una dieta modelo, no se refiere a una cocina propia, no pretende ser una filosofía ni busca crear una tendencia elitista; es un modelo de alimentación que reconoce la creación, la diversidad y la complementariedad de todo cuanto ha sido puesto a disposición del ser humano. Estimula y a la vez sacia el apetito, es una cocina solidaria y fraternal a la que todo el mundo debería tener acceso. Es soporte para acabar con los excesos, la homologación productiva y la vulnerabilidad de buena parte de la sociedad frente a la escasez de alimentos debidos a fenómenos naturales, económicos, ideológicos o de virus. Josep Pla[2] señala la decadencia de la cocina que ha alimentado a un país frente a la industrialización:

> Me gustan nuestras cosas, sobre todo si son corrientes y simples, limpias e implacables; así que nunca he llegado a comprender por qué lo exótico, por el mero hecho de serlo, ha de ser, sistemáticamente, adorable (Pla, 2001).

Cuando ponemos energía de consciencia en la creación de un plato, lo podemos hacer a la vez sobre el planeta. Para acceder a esta realidad, a esta nueva posición, debemos dedicar tiempo a comprender cuál es su significado. Se trata de comer con reconocimiento del vegetal y el animal que la naturaleza ha puesto a nuestra disposición a través del Creador. Saber qué comprar, conocer a los agricultores, ganaderos y artesanos, tener en cuenta la estacionalidad, la procedencia, el modelo productivo de los alimentos, así como analizar las cocinas tradicionales locales es una responsabilidad y una liberación, pues permite encontrar la medida y equilibrio del lugar del planeta en el que estamos. Hallar la armonía entre el planeta y la mesa es acceder a la felicidad. Elegir en consciencia los alimentos que más convienen por su calidad nutritiva y energética, a la vez que guardan una mayor armonía con el planeta, es un acto que nos religa con el sentido de la vida y del gusto.

1.1. La tierra y su vínculo con el alimento

No hay nada nuevo bajo el sol, nuestros pensamientos, elecciones y acciones determinan nuestra aportación a la tierra. Nuestro cuerpo físico está en relación con ella y en consecuencia todo queda grabado e inscrito. La tierra es el soporte y lugar donde se da la vida e interactúan las plantas, los animales y los seres humanos. Cada individuo es responsable de sus elecciones y las consecuencias de estas son evidentes en el mantenimiento de una tierra fértil, saludable y llena de vida. Danièle Didier,[3] ideóloga de la Telurología nos dice:

[2] Josep Pla: *Lo que hemos comido*, Barcelona: Destino, 2001.
[3] Danièle Didier: *Tratado de Telurología*, Tours: Parientès, 2002.

La Tierra es un ser consciente y vivo. Su espíritu se encuentra en el interior de su cuerpo, en el seno del núcleo duro, en el centro del planeta. Es lo que se llama «El Espíritu encarnado en el núcleo», es decir, la energía que anima la vida (Didier, 2002).

Desconsiderar la tierra y las rocas —la base que sostiene la vida— contaminando los suelos y acuíferos con abonos y pesticidas químicos, y abandonar el mantenimiento y cultivo de huertas y campos por la especulación, es ignorar la vital importancia que tiene para el ser humano. Hay lugares en el planeta en los que ya no se pueden producir alimentos saludables debido a conductas graves e irresponsables que obedecen a intereses individuales y que son perjudiciales en todos los ámbitos por igual.

La palabra *humildad* viene de *humus*, de esa tierra negra, fértil, que es base y sustento para producir alimentos. El ser humano tiene una responsabilidad hacia la tierra que habita, si no la ejerce en beneficio de su salvaguarda y protección, se está haciendo daño a sí mismo. Esto no beneficia a nadie a medio y largo plazo, y aquellos que ahora sacan rédito de sus acciones en perjuicio de la tierra son un deplorable ejemplo para sí mismos, sus familias y la herencia que dejarán en su paso por la tierra. La alimentación de este nuevo milenio debe entenderse como una nueva mirada de reconocimiento del ser humano hacia el conjunto de la tierra. Somos libres, pero esta libertad implica la responsabilidad de pasar a la acción, para reflexionar, reconducir y compartir cómo interactúa el patrimonio alimentario y la cultura generada en torno a él en un lugar determinado del planeta y en las personas que allí habitan. Reconocer y aceptar que formamos parte de un todo y que nuestras acciones contribuyen a cambiar la realidad del presente es el soporte para no repetir los mismos errores y evolucionar a otro estado de consciencia.

La tierra es el suelo fértil, soporte para producir los alimentos. Un mal uso y abuso de ella tiene consecuencias irreversibles en el suelo. Los alimentos que tenemos en nuestras mesas, nuestras cocinas, son reflejo de la vitalidad y el estado en el que se encuentra la tierra en la que se cultivan. La vida se consagra con la acción de dar y recibir, si queremos mejorar la sustancia y la vitalidad de nuestros alimentos, tenemos que responsabilizarnos y reconocer la tierra como una parte activa de la creación, que no es ajena al ser humano sino complementaria a su propia evolución.

Comer es no solo ingerir elementos necesarios para la vida física, sino un verdadero acto de reconocimiento y de consciencia que honra y respeta la creación. La tierra es la base para el sostenimiento de la diversidad y la riqueza de todo el vegetal que se ha puesto a disposición del ser humano, y es también la base para producir alimentos para toda la humanidad. Hallar el equilibrio es la llave para mantener la biodiversidad alimentaria, las cocinas locales, las culturas tradicionales y el patrimonio alimentario que nos satisface con la salud y los sabores que cada rincón que la tierra nos regala.

1.2. Las plantas y su relación con el alimento

El vegetal cumple un rol determinante para el desarrollo de la vida en el planeta, es tanto el pulmón de la tierra como el sostén de la alimentación. Con la desaparición de los bosques, la calidad del aire empeora; aniquilando la biodiversidad vegetal contribuimos a la pérdida de las culturas gastronómicas locales. Contaminando o sobreexplotando las plantas, la salud del consumidor humano y animal merma considerablemente, como también ocurre con la tierra. En cambio, si reconocemos la función de las plantas, comprendemos la depuración de las energías negativas tanto en el ser humano como en el planeta. Danièle Didier[4] manifiesta lo siguiente sobre la función vibratoria de las plantas:

> La hoja es una verdadera fábrica de transmutación. Capta las energías provenientes del suelo y del sol y fabrica su propia energía. Gracias a su respiración y a la fotosíntesis, hace circular todas estas informaciones en la Trama, en los planos etéricos del lado cara. Colectivamente, todas las hojas que crecen en la Tierra, ya sea en las plantas o en los árboles, son los pulmones de nuestro planeta y le permiten respirar. Esta respiración es igualmente capital para el equilibrio del hombre, una de cuyas misiones es la de respetar y cuidar el vegetal (Didier, 2006).

La biodiversidad vegetal es patrimonio de la humanidad. Existe un número infinito de géneros y especies vegetales que representan un verdadero mosaico de sabores, colores, olores, texturas y sonidos que nos agradan emocionalmente y nos llenan de felicidad. La diversidad vegetal es tan grande que es un des-

---

[4] Danièle Didier: *Tarot mágico de las plantas*, Niza: Mercia du Lac, 2006.

precio el que hacemos los humanos cuando nos ceñimos a disfrutar de una pequeña parte de su riqueza por la adopción de una moda o un interés comercial desconsiderando lo que significa la complementariedad y mantenimiento de todo lo que ha sido puesto al servicio de la humanidad. El sustento para alimentar a los seres humanos y los animales es el vegetal; tras su descomposición en la tierra, nutre y mejora la propia tierra, las hojas descompuestas son parte activa del humus, que asegura el equilibrio biológico en la cadena evolutiva de los seres vivos. El ser humano se alimenta de vegetales —como la gran mayoría de especies animales—, y algunos animales son consumidos por los humanos. Los alimentos que crecen bajo tierra tienen energías más densas que aquellos que crecen sobre ella, como las hortalizas de fruto o de hoja, y estas, a su vez, son menos sutiles que las que crecen al aire, como, por ejemplo, las frutas de árbol. En las frutas, verduras, legumbres y cereales, están presentes todos los elementos nutritivos: prótidos, glúcidos, vitaminas, minerales, oligoelementos y antioxidantes, que son la base de la energía vital de los seres humanos y sirven de perfecto equilibrio.

Cuando consumimos un vegetal tomamos no solo los nutrientes físicos sino todas aquellas energías que ha captado, transmutado y sintetizado. Comer un alimento vegetal lleva implícito saborear todas las cualidades organolépticas que posee, además de todas las causalidades que le afectan de forma positiva o negativa en todo su proceso de crecimiento y desarrollo. El alimento vegetal es la suma de todos los factores que intervienen en él, es la expresión de todo aquello que ha intervenido en su producción hasta llegar a nuestra boca. Los vegetales expresan de forma magistral el verdadero estado de este y nos enfrentan a la realidad para tomar consciencia de cuál es nuestra responsabilidad frente a él. La vida en el planeta depende del mundo vegetal; el aire que respiramos, la comida y los fármacos son una muestra de ello. Todo el vegetal que consumimos ha sido puesto a disposición del ser humano para que podamos hacer consciente la energía del gusto, y enviar a la tierra un alimento energético en relación a de cada rincón y/o territorio del planeta. La diversidad de sabores es inmensa, cada gusto es vivido individualmente en positivo o en negativo, y se guarda en el inconsciente del ser humano.

Deberíamos comportarnos con más humildad y dejar de hacer caso a los prescriptores que hablan del mejor tomate del mundo o de la mejor legumbre si no las han probado todas, y, en el mejor de los casos, con qué criterio uno tiene la osadía de decirlo. Estas opiniones hay que escucharlas con mucha prudencia, pues han discriminado y en ocasiones han sido la causa de la desaparición de cientos de variedades. Este aspecto es vital, pues la erosión genética vegetal que está sacudiendo el planeta en este último medio siglo es alarmante y sus consecuencias van en detrimento del placer sensorial y del gusto, y ponen en riesgo la alimentación humana.

1.3. Los animales y su conexión con el alimento

Los animales cumplen un papel de primer orden en el mantenimiento de la armonía en la Tierra; la protección, salvaguarda y cuidado de su hábitat debería considerarse un objetivo prioritario dentro de la evolución del planeta. Esa evidencia constituye un beneficio y retorno necesario para el colectivo de seres humanos. Danièle Didier[5] nos enseña el rol que cumplen los animales en el planeta:

> El reino animal representa el cuerpo astral del planeta. Todos los animales están en armonía con las plantas y, particularmente, con las flores cuyo perfume inhalan a fin de estimular su olfato y su astral. Los pájaros, por medio de sus plumas, captan las energías del planeta y las emisiones de las flores para transmutarlas hacia el Sol, que representa simbólica y vibratoriamente el «Sí del Espíritu». Así, el Espíritu del Hijo, encarnado en el seno del núcleo de la Tierra, se halla permanentemente conectado con el «Sí del Espíritu, en el seno del Sol». Los pájaros sirven de agentes transmisores entre el planeta y su sol (Didier, 2006).

Algunos animales sirven de alimento al ser humano, especular con ellos para satisfacerlo con un aporte de proteína innecesario o con el enriquecimiento ilícito de algunas personas debería hacernos reflexionar sobre esta conducta. La carne de animales criados de forma sostenible y reconociendo su papel como parte activa de la Tierra tiene mayores cualidades organolépticas que redundan en una nutrición más saludable para los hombres y mujeres, y a su vez propicia una mayor armonía en el planeta. Cuando esto no es así

---

[5] Danièle Didier: *Tarot mágico de las plantas*, Niza: Mercia du Lac, 2006.

las consecuencias las pagamos todos. La pérdida de biodiversidad animal en estado salvaje por motivos productivos especulativos tiene importantes consecuencias sobre el conjunto del planeta. Los animales terrestres (bovino, ovino, caprino…) tendrán más energía de la tierra que los estabulados debido a la falta de movilidad y de contacto con la tierra de estos. En cambio, los animales de pastoreo o manejo extensivo almacenarán en su carne no solo mejores nutrientes debido a su contacto con la tierra, el aire, el sol y los pastos, sino una mayor y más rica tasa energética. Las aves ofrecen una carne más sutil debido a su relación con el elemento aire —alas, plumas— y menor contacto con la tierra, dos patas y no cuatro.

Al alimentarnos de proteína animal, la carne nos entrega aportes físicos y energéticos vinculados a los elementos de la naturaleza que la sustentan; es importante conocer y tener en cuenta esta sinergia. Debemos ver la carne como algo más que una fuente de proteína; cuando está en perfecta armonía con aquellos elementos que intervienen en su crecimiento y desarrollo, expresará de forma inequívoca toda la energía depositada en ella, tanto positiva como negativa, en función del soporte con el que se produzca. La responsabilidad nos corresponde a cada uno, mejorar el conocimiento en torno a las carnes es una necesidad, con ello aumentaremos el sabor en el plato, mantendremos a los ganaderos y pastores tradicionales que trabajan para ofrecer una carne diferenciada, y protegeremos a los artesanos carniceros que proponen alimentos elaborados fuera de la línea convencional. En definitiva, estimularemos el mantenimiento de la cultura tradicional local en torno a la carne, y contribuiremos al equilibrio entre el planeta y el plato consumiendo carne sostenible y salvaguardando la identidad y el respeto por las razas tradicionales de consumo.

1.4. El ser humano y su responsabilidad con el alimento

Los seres humanos se relacionan con la vida en la Tierra; en el planeta azul hay una constante interactuación entre hombres y mujeres con la tierra, los vegetales y los animales. Esta relación es el soporte de la evolución e involución del planeta, y los alimentos y la cocina son una consecuencia de la adaptación y convivencia de todos ellos. La libertad del ser humano y las decisiones tomadas en consciencia o en inconsciencia evidencian todo lo que hemos hecho y hemos dejado de hacer. El planeta está conformado por una extensa y extraordinaria variedad de sabores, consecuencia de la gran diversidad de la que ha sido dotado.

Cada persona tiene el privilegio de alimentarse, de disfrutar en la mesa gracias al sentido del gusto, y de concienciar y crear platos y recetas por su expresión a través del arte culinario. El ser humano, como ser consciente y dotado de libre albedrío, puede comer en consciencia y nutrir a la Tierra de reconocimiento, gratitud y placer depurado, un placer que va más allá de la satisfacción física y permite un nivel vibratorio más elevado. Tal como indican Didier Delrieux y Abigaelle Lacombe-Didier[6] hablando de la memoria de los gustos de la Tierra:

> Cuando nos alimentamos, enviamos una información positiva o negativa a esta memoria colectiva. Los gustos evolucionan con las eras del planeta y las épocas y están inscritos en nuestro código genético y en nuestro cerebro reptiliano. Transmitida de generación en generación, esta memoria sigue a la evolución. Ello significa que llevamos en nosotros la historia de los gustos de la Tierra desde que el reino humano pudo «concientizarlos». La región y su cualidad vibratoria, diferente en cada lugar del mundo, desempeñan un rol capital para el reino vegetal. Cada comarca expresa su especificidad y su identidad a través de la producción de sus frutas y hortalizas. Cada terruño influye sobre los animales y los humanos que se alimentan de esas frutas y hortalizas. Es importante añadir este factor esencial a las realidades climatológicas y geográficas. La misma cepa, plantada en Borgoña o en Napa Valley en USA, no producirá el mismo vino. Se trata de regiones diferentes. Puede decirse que cuando degustamos un vino captamos la esencia energética de la tierra en la que ha sido plantado y cultivado, «saboreamos la tierra» a través de la degustación del vino y así participamos, en retorno, en la activación de la memoria de sus gustos (Delrieux y Lacombe-Didier, 2012).

Vivir una alimentación libre y consciente da una dimensión universal de lo que representa el alimento para el orden en el planeta. Mujeres y hombres, a través de sus elecciones, pueden favorecer y llevar a cabo acciones que mejoren el equilibrio y la armonía entre los reinos de la naturaleza.

Asistimos a la cultura de los excesos, nunca en el planeta se había producido tanta comida como en la actualidad ni se habían echado a perder tantos alimen-

---

[6] Didier Delrieux y Abigaelle Lacombe-Didier: *La nutrición sensorial*, Maison Dunoyer, 2012.

tos, mientras el hambre sigue presente en el mundo. Esto es solo la punta del iceberg, está probada la merma de las cualidades organolépticas y nutricionales de los alimentos en el trasiego del siglo XX al XXI. La naturaleza, idoneidad e impacto de la comida producida afecta a las personas y al planeta, ocasionando un problema generalizado en la Tierra. Estamos a tiempo de poder revertir esta realidad caótica y empezar a poner orden para que las generaciones futuras sean herederas de una tierra viva, bella y llena de sabor, y a la vez recuperar el verdadero potencial nutricional, vitamínico y de minerales de los alimentos. En el último medio siglo es notorio el desapego y desarraigo del ser humano con la naturaleza; esta tendencia —que obedece a un instinto especulativo por ordenar la vida en función de otros intereses y no de un instinto racional por poner el alimento al servicio de la humanidad en su conjunto— está limitando y acabando con muchas de las riquezas gastronómicas en cada rincón de la tierra. Comer sin considerar la relación entre alimento, cultura y planeta es la puerta al desorden, el hambre, la pérdida de identidad y la destrucción del equilibrio en la Tierra.

El momento es ahora, es posible, ¿por qué no vamos a hacerlo si sabemos que tenemos que hacerlo? La aceptación es el primer paso para evolucionar, crecer y cambiar. Para poner orden en las cosas, deberíamos preguntarnos si está el orden en nosotros, la mayor toma de consciencia es entender dónde nos hemos equivocado para no cometer el mismo error. Cada persona tiene la capacidad de reconocer una acción equivocada y puede tomar la decisión de cambiarla; la humildad de saber reconocer que podemos aceptar y cambiar es un acto bellísimo que nos hace más humanos.

El ser humano debe sentir el placer de construir la cocina del presente, a partir del reconocimiento de todo lo que forma parte de la Tierra. La gastronomía tiene que ser un modelo de alimentación en línea con los principios y valores universales. La posición que uno elige debe ser inquebrantable para que las cosas puedan cambiar; el único riesgo que asumimos con ellas es no hacer nada o no hacerlo desde la consciencia. Hacer las cosas en favor del colectivo humano, en el respeto a la tierra, los vegetales y los animales, es la diferencia y el acceso al propósito que se pretende. Quebrantar y deslocalizar hábitos de producción seculares, atendiendo al exiguo criterio del interés económico, pone en riesgo la armonía y equilibrio de la naturaleza y de la vida misma. La economía fundamentada en el beneficio de unos pocos ofrece una cocina sin identidad que atenta contra el placer y el sentido del gusto. Comprar alimentos sin reflexión alguna nos hace ser cómplices de situaciones que atentan contra el mantenimiento de la biodiversidad, de los pequeños agricultores, ganaderos y artesanos, y de la propia sostenibilidad del planeta.

No basta con ser buena persona para que las cosas cambien, hay que pasar a la acción y ser parte activa del destino de uno mismo. El acomodo es una trampa, la decisión y la acción son la inercia que hace falta para entrar en un tiempo más solidario. Dice mucho en contra del ser humano observar el modo en que en las últimas décadas se ha perdido una buena parte de las culturas alimentarias locales, donde la producción va en contra del cuidado y el respeto por la naturaleza, debido a la deslocalización de los lugares de producción, transformación y consumo de los alimentos. Cada individuo debe hacer tomas de conciencia para no alterar la prosperidad en el planeta; mientras comemos todos los días vemos como; agricultores, ganaderos, artesanos y tradiciones locales desaparecen; ¿no será que el ser humano está olvidando el sentido de la vida?

Nos nutrimos de los alimentos y estos nos proveen de energía. Esta energía es la gasolina que nos nutre para poder estar activos y generar consciencia. Somos creadores de consciencia y para ello debemos comer alimentos que rezumen energía de consciencia en cada momento. La humanidad es responsable de sus elecciones, somos lo que somos ahora y estamos donde estamos fruto de todo lo que hemos o no hemos hecho. El ser humano es capaz —si se libera de sus límites y se compromete consigo mismo y con el colectivo— de participar, compartir, expresar, evolucionar, consumir y degustar una cocina en total armonía con la naturaleza en cualquier rincón del planeta. Que alguien no tenga para comer o llegue a morir de hambre en la actualidad, en cierta manera, nos hace cómplices de esta indigna situación. La responsabilidad, el compromiso y la meta que debe lograr la sociedad en su conjunto en el siglo XXI es acabar con el hambre, satisfacer la salud y el placer en la mesa, y recuperar una alimentación en equilibrio con la Tierra.

Patrimonio alimentario

¿Quién habla de patrimonio alimentario? Conocemos el significado del patrimonio artístico, patrimonio económico, patrimonio humano, patrimonio cultural, etc., pero es evidente que, todavía hoy, entrados en el siglo XXI, falta mucho por reconocer de manera global el papel que desempeña el patrimonio alimentario en la sociedad y en el conjunto del planeta. A estas alturas contrasta la capacidad limitada de algunos humanos en su comprensión y reconocimiento del funcionamiento vital del planeta que nos cobija. El patrimonio alimentario es un bien que ha puesto el Creador al servicio de los seres humanos; la diferencia entre ese patrimonio y otros es su propia naturaleza y evolución, necesita estar vivo para mostrarse y a la vez es efímero, por lo que continuamente se tiene que expresar para poder ser reconocido en toda su dimensión. La conexión e interactuación es una máxima entre agricultores, ganaderos, artesanos, semillas, plantas, animales, huertas, campos, mar, sostenibilidad, tradiciones, cultura culinaria, gusto y colectivo humano. Todo este conglomerado conforma y da vida a este patrimonio único por las singularidades que ofrece y la trascendencia que tiene para el desarrollo de la vida humana en el planeta.

Con la entrada en el tercer milenio y ante la inercia a nivel global de seguir fomentando un modelo productivo intensivo como la única fórmula para abastecer al conjunto de la población, es prioritaria una profunda reflexión para tener claro y tomar consciencia de la situación de abandono que atraviesan las conductas tradicionales que durante siglos y generaciones han mantenido sin riesgo alguno el territorio, la diversidad y una verdadera opción de vida para la sociedad en su conjunto. Actualmente hay países con excedentes productivos debido a una producción intensiva a pesar de las consecuencias medioambientales, mientras que en otros países hay un estado de alarma por los millones de personas que están en riesgo de hambruna. Ante esta realidad, hay una evidencia incontestable que los seres humanos todavía no han considerado: comprender que cada pensamiento, cada idea, cada gesto y cada acción tiene un impacto a nivel planetario. Humildad para acceder a la comprensión y conciencia colectiva son cualidades que están en las personas y que permiten obrar conforme a las leyes universales y no con base en el orgullo, el poder y el materialismo.

Mucho se ha escrito, se ha dicho, se ha publicado, pero poco se ha trabajado sobre la certeza de que la Tierra está en conexión con el gusto y el patrimonio vegetal y animal que ha puesto el Creador al servicio del hombre para reconocer y nutrir al propio planeta. Es difícil de digerir la abundancia ante la escasez y el hambre, sobre todo ahora que la vemos tan cerca. Quizás esto nos debería ayudar a comprender que todo está unido, y que las acciones de cada uno pueden cambiar la realidad que vemos o seguir impactando negativamente en el deterioro del patrimonio alimentario de la Tierra. Es una realidad interpretar que el comienzo de la era de Acuario establece una configuración distinta en el planeta. La población mundial ha superado los ocho mil millones de personas, unos ochocientos millones pasan hambre y el número de muertes es intolerable. Ante esta evidencia es notorio que el modelo intensivo de producción, además de ser insostenible, no ha sido eficiente para acabar con el hambre de nuestros semejantes.

La sociedad no debe seguir mirando para otro lado. Salir del acomodo y tomar buenas decisiones forma parte de la corresponsabilidad que cada uno debe asumir, las cosas no cambian si uno mismo no decide cambiar. Abrirse a un nuevo tiempo y vivir en tiempo presente es comprender que en pleno siglo XXI no es admisible que siga habiendo hambre, que haya pueblos en los que el acceso a la comida está limitado, que el reino mineral siga padeciendo una contaminación sin precedentes, que el reino vegetal y su biodiversidad estén sometidos a grandes presiones por intereses privados, y que el reino animal siga coaccionado para enriquecer a unos pocos. Parece que no hay indicios de limitar o acabar con este horror, cuando las consecuencias son gravísimas para todos. Esta realidad la han hecho posible los seres humanos y solo ellos pueden cambiarla para devolver la armonía entre los reinos del planeta.

La interacción de todos los elementos que convergen en el patrimonio alimentario, el lugar donde se dan y la sabiduría de los prescriptores ofrecen la mejor versión de lo que representa la alimentación del presente. La grandeza del patrimonio alimentario es que el orden y el equilibrio se muestren con evidencia en todas las áreas que intervienen en la conformación de un plato.

La posición del ser humano y una visión colectiva son la llave para encontrar la identidad, la singularidad y la exquisitez en todo el proceso de creación culinaria. Es una evidencia que el modelo productivo del último medio siglo ha hecho y sigue haciendo desaparecer agricultores, ganaderos y artesanos, rasga el equilibrio social, hace tambalear las tradiciones y ocasiona la desaparición de ritos, fiestas y recetas relacionados con el patrimonio alimentario de cada rincón. Los alimentos producidos sin respetar ni considerar la tierra, el vegetal y los animales, están poniendo en peligro el futuro de nuestra especie. Esta situación indica el lugar al que hemos llegado y nos confronta con un momento histórico en el que el ser humano y la conciencia son clave para poner orden a estos errores sin precedentes.

Se vislumbra una sensibilización mayor por elevar la conciencia del colectivo de los seres humanos y por reconocer el rol que desempeña el patrimonio alimentario en cada rincón del planeta. Cada ser humano tiene la fuerza, el coraje y la capacidad de decisión para cambiar; si seguimos haciendo lo mismo, el futuro no nos va a deparar grandes alegrías. Reconocer y aceptar un cambio de modelo de alimentación es la base para cambiar el planeta desde uno mismo y ser un ejemplo. Cada individuo es una pieza del puzle, cada uno tiene una labor que solo él puede llevar a cabo. Estar en la identidad, comprender y aceptar la energía que expresa el patrimonio alimentario en cada rincón de la tierra es vivir ligados a la expresión del planeta y así poder organizar sociedades más resilientes, menos vulnerables, dependientes, llenas de matices y singularidades que las hacen más atractivas y admirables.

Bendita reflexión si cada ser humano reconoce las consecuencias que tiene cada acción en torno al modelo de alimentación y su impacto en los reinos de la naturaleza. Integrar que el patrimonio alimentario debe ir en línea con las singularidades de cada región o territorio es abrir el camino a una relación íntima con la tierra y con sus peculiaridades.

2.1. Diversidad alimentaria. Alimentos para la humanidad

La diversidad alimentaria se ha visto reducida a marchas forzadas en el último medio siglo, la amenaza es hoy un hecho consumado. En esa línea, Marvin

Harris[7] señala que los itinerarios de nuestros hábitos alimentarios han cambiado:

> Al principio, nuestros antepasados comían carroña, cazaban y recolectaban comida. Después vino la agricultura y la ganadería, y, más recientemente, las explotaciones industriales, petroquímicas y mecanizadas. Independientemente de que se recolecte, se plante, se coma carroña, se cace o se produzca en fábricas, los costes de la producción de alimentos son elevados. La comida ha absorbido siempre una parte considerable del tiempo, energía y conocimientos técnicos de nuestro género (Harris, 1997).

La vida se nutre en torno al alimento y la cocina, las necesidades de la condición humana así lo dictan para evitar el menoscabo de la salud. Una alimentación basada en la diversidad alimentaria es sinónimo de placer, permite reconocer la variedad de semillas, plantas, frutos y animales existentes. Por ello, garantizar la diversidad alimentaria en cada rincón del planeta es algo que corresponde al reino humano por la consciencia que le ha sido dada. Aunque no está de más subrayar que hay demasiada arbitrariedad y que el aspecto pecuniario emerge cada día con más fuerza para determinar con parcialidad que unos pocos se repartan beneficios en detrimento de la biodiversidad, de la salud de las personas y del planeta.

Para que la diversidad alimentaria se exprese, debe haber un respeto a las singularidades y son necesarias la acción y la sabiduría del ser humano. La diversidad es el mejor soporte para crear, idear y fomentar el arte culinario, y a la vez poner freno a la erosión genética que ha soportado el planeta en las últimas décadas. La diversidad alimentaria se tiene que expresar en todas partes, pretender obviar las culturas alimentarias rurales o locales denota no comprender el significado que representa como verdadero recurso para la expresión de una cocina diferenciada y a la vez complementaria dentro del gran crisol de matices, sabores, texturas, aromas y perfumes.

Es importante comprender que no hay alimentos ni comidas mejores o menos interesantes, cada uno de ellos expresa una realidad y cada persona tiene una conexión determinada con el alimento según su cultura y su memoria alimentaria. La naturaleza es diversa y rica en colores, aromas, sabores y texturas,

---

[7] Marvin Harris: *Nuestra especie*, Salamanca: Alianza Editorial, 1997.

y toda esa diversidad está puesta al servicio del colectivo humano. Somos más de ocho mil millones de personas en el planeta y es evidente que no nos puede gustar lo mismo a todos. Una posición de respeto hacia la Tierra nos permite reconocer la diversidad alimentaria como una de las maravillas de la creación, que debemos respetar, proteger y salvaguardar para dejar en herencia a las generaciones futuras.

Hay personas que nunca en la vida sembrarán una semilla o plantarán un árbol, ni tampoco conocerán ni vivirán la experiencia de recoger un fruto; otras quizás no cocinen jamás ni desarrollen ningún vínculo con el oficio de cocinar. Lo que sí es seguro es que los seres humanos comen varias veces al día para saciar el apetito y agasajar el paladar. Por ello confiar y valorar el trabajo de aquellos que cultivan y salvaguardan la diversidad alimentaria tiene una importancia de primer orden. La pregunta que nos debemos hacer es: ¿estamos en buenas manos? La dictadura alimentaria que plantean los mercados a gran escala es una muestra evidente de la debilidad que atraviesa la diversidad alimentaria para seguir manteniéndose viva en la sociedad de consumo. Hoy nos dan de comer, el consumidor tiene pocas opciones a la hora de comprar, pues la oferta de los mercados está estudiada y dirigida. Lo que sí podemos hacer es decir «esto no lo quiero», y dejar de comprar hasta que la oferta cambie y sea más atractiva. Es evidente que el modelo productivo intensivo está dejando de lado la diversidad alimentaria, fomenta los monocultivos, diseña un alineamiento de la oferta alimentaria, y hace vulnerables y dependientes a las sociedades frente al alimento. ¿Es esto lo que queremos? Cada acción tiene unas consecuencias, hay situaciones que están llegando al límite y la sociedad no parece entender qué está pasando. Acabar con la diversidad alimentaria es terminar con la cultura culinaria en cada rincón del planeta.

Que la diversidad alimentaria tenga dificultades para mantenerse viva en cualquier parte del planeta obedece principalmente a los intereses del poder y a los resultados que se derivan de él. Evidentemente, la posición que adopta el consumidor es una decisión de prioridades con base en la educación, lo que significa que la diversidad alimentaria va más allá de conservar un patrimonio único, inédito y singular; es la conexión que tiene el reino humano con cada rincón de la Tierra, es la memoria ligada al gusto que guarda el ser humano de cada alimento. El modelo alimentario del tiempo presente debe fomentar la diversidad alimentaria y no seguir condenando a muchos alimentos a desaparecer por estrategias de marketing y publicidad de marcas; esta es una de las pruebas que debe superar la sociedad si de verdad quiere dar el cambio.

Cada persona tiene un papel, no hay uno mejor que otro, todos son importantes y complementarios. Es preciso dejar los egos y las modas a un lado y empezar a reconstruir el verdadero modelo alimentario que expresa la conexión entre lugar y diversidad local para satisfacción del colectivo de la humanidad. La capacidad de transformación, de estar abiertos a cambios, de reconocer y aceptar que las cosas se encuentran en un estado de continuo movimiento es vivir la vida desde otra posición. La alimentación de la humanidad debe sufrir una transformación para adaptarse al momento presente y mostrar un panorama que quizás ahora mismo es difícil poder visionar o comprender, pero es posible conseguir. Entre todos tenemos que proyectar, construir y fortalecer un modelo alimentario basado en la diversidad como eje vertebrador y dinamizador de territorios, cocinas y culturas. Es nuestra responsabilidad salir del acomodo y de los modelos consumistas establecidos y vivir libremente el significado y el valor de la diversidad alimentaria del planeta Tierra allí donde estemos.

2.2. Agricultores, ganaderos, pescadores y artesanos. Guardianes del sabor

El oficio y la sabiduría de agricultores, ganaderos, pescadores y artesanos es vital para el mantenimiento de la vida en el planeta. Ellos tienen un sexto sentido para amar, escuchar y observar la tierra, manejan con suma pericia el conocimiento y la intuición, son cocreadores, y de forma humilde sacan lo mejor de sí para alimentar a la sociedad. Los oficios que dan de comer deben ser reconocidos, ensalzados, edificados y protegidos por la sociedad; su coraje, determinación y entusiasmo representan el mejor estímulo para hacer las cosas con el mejor soporte y posicionamiento. Su labor dentro del mantenimiento del patrimonio alimentario es vital para la salvaguarda de este.

Rudolf Steiner[8] sostenía que el hombre tiene que vivir de lo que la tierra ofrece, que lo único que posibilita la vida es la agricultura. Para él tenía sentido

---

[8] Rudolf Steiner: *Curso sobre agricultura biológico-dinámica*, Madrid: Rudolf Steiner, 2006.

hablar de agricultura si se sabía realmente que implicaba el cultivo de hortalizas y cereales. Hoy el mundo está lleno de teóricos que hablan sobre el modelo económico del campo pero su relación con la tierra es nula.

La gente ni siquiera sabe hoy en día cómo se alimentan el hombre y el animal, por no hablar de una planta. La gente cree que la alimentación consiste en que el hombre come las sustancias de su alrededor, que las mete en la boca y luego llegan al estómago; que se —deposita— una parte y otra se va; luego la parte que se ha depositado es consumida y por tanto también se va, y que luego ésta es reemplazada nuevamente. Actualmente imaginamos la alimentación de una forma totalmente superficial (Steiner, 2006).

El equilibrio entre los reinos de la naturaleza, el reconocimiento de las tradiciones, y el respeto por las culturas gastronómicas y valores universales son la base de los guardianes del sabor. Aquellos que se declaran artesanos deben ser consecuentes con su trabajo y oficio para expresar su mejor versión en beneficio del colectivo y del planeta. Producir y transformar alimentos en el lugar que se habita armoniza a las personas con él, y comer con esos preceptos muestra un respeto por la integridad de esa tierra. Un hacedor de alimentos, según su posición, influye en las personas de una manera u otra, y también puede provocar cambios en el planeta en un sentido u otro. Tomar consciencia de la labor que desempeñan los agricultores, ganaderos, pescadores y artesanos evidencia un respeto hacia ellos. Las decisiones que toman tienen una repercusión e incidencia en el lugar en el que están y trascienden a otras partes del planeta.

Los ciudadanos y consumidores tenemos una fuerza enorme, cada elección es un gran ejemplo para mantener a los productores en activo y a la vez nutrir la trama sobre el papel de los productores en la salvaguarda del patrimonio alimentario, en favor de la cocina identitaria y por el cambio a través de la comida. La expresión que cada rincón de la tierra ofrece es la identidad de ese lugar, de una manera de ser agricultor, ganadero, pescador o artesano; es hacer consciente la realidad del entorno para, a través de su prisma, ofrecer los alimentos que están en mayor armonía con el territorio.

Los «guardianes del sabor» que de forma libre protegen la tierra con sus acciones son el soporte para disfrutar de la mejor versión de ellos en la mesa. La conducta que mantienen es una elección en la vida, son un patrimonio para valorar y respetar, pues tienen la capacidad de reconocer el territorio y expresar el equilibrio entre los reinos. Actualmente no pasan por su mejor momento y eso dificulta que se puedan seguir formando personas con esas destrezas; si no hay educación en este sentido se pierde un acervo cultural de incalculable valor y en muchísimos casos imposible de recuperar. Esa pérdida la padecen la sociedad y el planeta volviendo más vulnerable y alineada la oferta alimentaria en los mercados.

La situación en este recién inaugurado siglo XXI no es muy alentadora, los productores locales ven peligrar su continuidad. No hay que dejarse engañar, la abundancia de alimentos en los mercados es debida a la especulación y a trabajos precarios en los países de origen. Esto es una muestra significativa de que el sistema económico está colapsado, de manera especial el ligado a la producción y distribución de alimentos. Es una evidencia incontestable que el mercado alimentario, bajo las licencias del capitalismo, liberalismo o comunismo hace aguas. Predecía Josep Pla[9] que nunca podrá haber simientes buenas si la libertad de comprarlas no es omnímoda:

> En fin, lo que ahora pretendo no es sino afirmar que, si queremos entrar viento en popa en la cocina de las verduras, lo menos que podemos hacer es mejorarla y valorarla al máximo, pues se trata al fin y al cabo de una cocina de elementos desprovistos de excesivos y sustanciosos encantos. Y esto depende de los agricultores, que ahora llaman productores, cosa que hace mucha gracia. Tan pronto como en Rusia denominaron productores a los campesinos del país, la hecatombe productiva y labriega fue total. Dejemos que las cosas se llamen según la gramática histórica, elemental y tradicional. Los tecnócratas y los intelectuales estipendiados trataron de demostrar que todo se resolvía cambiando las palabras. ¡Insensatos! Insensatos pero astutos, aprovechados de la ignorancia progresiva general. Lo único que me atrevería a decir a nuestros payeses en este asunto de las verduras es que es preciso salir del anquilosamiento mental y tópico que sostiene lo siguiente: según lo hemos encontrado, así lo dejaremos. No. De ninguna manera. Hay que renovarse y hacer lo posible para que, en estas pequeñas cosas, al menos, la vida sea pasable y agradable (Pla, 2001).

Ante esta grave crisis en la que la humanidad tiene que integrar su rol de pertenencia al gran colectivo humano es una prioridad absoluta que la sociedad abra bien los ojos y haga despertar su consciencia para comenzar un nuevo ciclo donde construir una nueva relación con la Tierra, y eso, sin lugar a duda, pasa

[9] Josep Pla: *Lo que hemos comido*, Barcelona: Destino, 2001.

por reconocer el rol de las profesiones que salvaguardan la comida con nombre y apellidos. Ellos son los verdaderos guardianes del sabor, los actores principales para recuperar el equilibrio y la armonía con el planeta. A través de la alimentación y la sociedad debemos ser los cómplices y prescriptores de su existencia.

2.3. Alimentos y lugares. Singularidades e identidad

Cada lugar de la tierra vibra con unas energías, de forma que cada alimento y cada lugar del planeta es una expresión única e irrepetible; por ello, su sostenimiento es fundamental para que el patrimonio alimentario exprese toda su inmensidad y riqueza. Es en el lugar de origen donde las singularidades alimentarias expresan con más fuerza las capacidades sensoriales de un alimento, lo que indica que cada territorio se identifica y tiene una soberanía alimentaria propia. La identidad de un lugar y la simbiosis con los alimentos nutren, dotan y modelan las tradiciones gastronómicas. El acervo de las tradiciones es consecuencia de la orientación que le dan los seres humanos a partir de las experiencias de vida ligadas a los alimentos. La identidad de un lugar es una, la identidad de un alimento es consecuencia de ese lugar y da la mejor versión de él. Un territorio se conforma por la cultura alimentaria consecuencia del alimento y el lugar, ello determina unas características diferenciadas y propias. La adaptación al medio y la aceptabilidad social han originado una sinergia para crear los mejores atributos y cualidades sensoriales de un alimento. Un lugar habitado que deja de producir alimentos como lo había hecho durante siglos para satisfacer las necesidades de sus habitantes invita a una reflexión profunda.

En la actualidad muchos de los cultivos se han deslocalizado por distintos intereses y a la vez se ha intensificado la producción y la presión sobre el modelo productivo. No es casual, pero merece un análisis profundo y tomar conciencia de ello porque el cambio en este sentido se ha dado en territorios o países en los que la justicia social degrada a nuestros congéneres y es muy permisiva con normativas que atentan contra la fertilidad de la tierra. Como consecuencia de esto, el sabor identitario asociado a un alimento es diferente y menos atractivo; asimismo, se ha favorecido la pérdida de estacionalidad de algunos alimentos alterando la cultura gastronómica de los lugares emisores y adulterando la cultura local de los países receptores. Ello ha generado el abandono de huertas y campos que han alimentado a generaciones durante siglos por una competencia desleal e injusta frente a los campesinos y ganaderos locales. Y eso no es todo, la erosión genética en especies vegetales la aprovechan las grandes corporaciones para apropiarse de semillas que son patrimonio de la humanidad y se atribuyen su propiedad. Esta es la cara de la especulación, del poder de los mercados y de sus tremendas consecuencias.

Actualmente hay alimentos que viajan miles de kilómetros para ser consumidos en un lugar bien distinto al de su origen. ¿Esta situación beneficia a alguien?, desde luego al gusto no, a la sostenibilidad tampoco y menos a la supervivencia de la sabiduría de los productores en origen. Cada rincón de la tierra está influenciado por unas energías diferentes, esto hace que los alimentos tengan matices diferenciados. Y esto no nos lleva a comparar sino a comprender que la diversidad es sinónimo de riqueza y de complementariedad para poder entrever la grandeza de las opciones que existen en la tierra, porque las experiencias sensoriales que expresan la interacción de alimentos y lugares son infinitas. Los mercados actuales están acabando con estas singularidades, en primer lugar porque las producciones y consumo de muchos productos están siendo alteradas; por otro lado, se organiza un modelo de distribución que hace a las ciudades dependientes de un abastecimiento diario al hacer desaparecer las producciones locales y, por último, quedan encadenadas bajo un suministro basado en la importación de alimentos y a merced de los intereses económicos o estratégicos de las grandes empresas distribuidoras.

Romper con la relación secular de alimentos y lugares es acabar con una parte importantísima de las culturas gastronómicas locales. Este binomio es la carta de presentación de cada territorio. Muchas personas son muy influenciables, en especial por los medios de comunicación. Es condenable en muchas ocasiones la actitud de falsear la verdad y no ser claros ante la sociedad. Cuando esto ocurre, ni beneficia al colectivo en general ni al planeta. Esta realidad, hoy, la podemos sentir e incluso conectar sin estar en un lugar, en una conexión absoluta con un hecho que ocurra a escasos metros o a miles de kilómetros; es una de las capacidades que nos regala la vida si llegamos a comunicar con la esencia de la que está hecha el ser humano. Hoy se mantienen fiestas o se recuperan tradiciones ligadas a un alimento o un lugar, pero con alimentos de una procedencia o un manejo bien distinto al original. Esas iniciativas deben dar un paso más, y recuperar la sabiduría y la presencia de los productores para conformar un ciclo armonioso entre los guardianes del sabor, los alimentos tradicionales, la sostenibilidad, las fiestas y las tradiciones.

El jurista y gastrónomo Jean Anthelme Brillat-Savarin[10] apuntaba con habilidad en su tercer aforismo: «El destino de toda nación depende de su forma de comer» (Brillat-Savarin, 2012). Su obra definió con exactitud la gastronomía a través del conocimiento razonado en todo lo que acontecía a la alimentación de los humanos en aquel tiempo. Quién puede creer hoy, viendo la cantidad de alimentos que van de un lugar a otro del planeta, el inaceptable desperdicio de comida y el hambre que sacude a millones de personas, que hay naciones libres de pecado. Apenas medio siglo le ha bastado a la globalización para confrontar a la humanidad con una realidad que concierne a todos, donde el capítulo de la comida se nos ha ido de las manos y si atendemos a la proclama que dejó Brillat-Savarin, las naciones en este momento se nutren de lo que producen en otros países y del interés de los mercados, con lo que es evidente que el futuro no parece ser muy halagüeño, algo que estamos constatando en todo el planeta. Es necesario admitir de una vez que cada opción alimentaria que realizamos conlleva repercusiones a nivel personal, nacional y mundial.

El valedor de la cocina tradicional aragonesa Darío Vidal[11] nos habla del riesgo de aculturación, y apunta aspectos de reflexión e introspección en el comportamiento del ser humano y su integridad frente al valor que da al alimento, materia que le sirve de sustento, y como si fuera un juego de niños se dedica a frivolizar con ella. Apuntaba Darío:

> Esa comida «sin origen», «sin origen conocido y próximo», condimentada sin mimo y ajena a la mano del hombre como los piensos de engorde destinados a las bestias, atenta contra nuestra condición de personas (Vidal, 1999).

La decadencia culinaria está en las mesas y parece que nadie quiere darse cuenta mientras los rituales, los valores y la esencia humana están desapare-

---

[10] Jean Anthelme Brillat-Savarin: *Fisiología del gusto*, Gijón: Trea, 2012.

[11] Darío Vidal: *Cierto sabor*, Zaragoza: Caja de Ahorros y Monte de Piedad de Zaragoza, Aragón y Rioja, 1999.

ciendo, el tsunami de las marcas, el marketing y el comercio moderno hacen de las suyas para impulsar y animar a no cocinar y quedarnos en manos de los procuradores del negocio. Cada vez resulta más difícil encontrar productos frescos en los mercados y su temporalidad es cosa de otro tiempo. De ahí que la cocina preparada e industrial esté despojando a las cocinas domésticas de su rol en la convivialidad de los que habitan en ella, a la vez que anula la capacidad creativa de la cocina, por lo que aquellos que se arriesgan a cocinar tienen que hacer malabares para comprar alimentos con la identidad y singularidad del lugar donde viven. Ante este desconcierto dirigido, solo hay una herramienta para cambiar: educación y consciencia.

Hay movimientos sociales y agrupaciones que están abordando esta situación con una certeza nunca vista, pero ante la magnitud de la situación hay deberes para todos. Cada territorio y cada ciudadano deberá empezar a participar y/o gestionar las singularidades y la identidad alimentaria del lugar en el que habitan como el mayor monumento que está en sus manos. La gestión de muchos gobiernos y del poder solo habla de las consecuencias materiales, pero no hay un destino digno para los seres humanos y el planeta si su alimentación es dependiente y está a expensas de terceros. Hacer de la vida un arte es respetar los límites; es hora de buscar soluciones colectivas para cada rincón del planeta, la singularidad y la identidad de los territorios y el alimento son un buen comienzo para ordenar el actual modelo alimentario.

2.4. Bancos de semillas. Placer para los cinco sentidos

Durante el siglo xx, el patrimonio alimentario ha visto mermada su diversidad genética de forma alarmante; ante un hecho de esta magnitud, con el significado social, cultural y ambiental que tiene en la sociedad, algunos países han creado una red de espacios en los que custodiar las semillas tradicionales que han dado de comer durante generaciones a la humanidad. Una evidencia que en demasiados casos ha llegado tarde: la desaparición incontrolada de la biodiversidad alimentaria es un drama que no solo atenta contra la vida misma en el planeta sino que implica la pérdida de colores, olores y sabores que la naturaleza ha puesto a nuestro servicio. Llama la atención observar como la cultura del ocio en los países más industrializados ha diseñado una apretadísima agenda de actividades para entretener e incitar a una cultura que no deja espacio a la distensión y el enriquecimiento a través del alimento, y que tantas cosas buenas ha dejado a lo largo de la historia a las civilizaciones que nos han precedido. Y todavía sorprende más como se pretende esconder bajo la gastronomía y el turismo la verdadera identidad de los alimentos y su rol en el planeta. La situación es tan dura en muchos lugares, que creen que con alimentos bajo el amparo de marcas comerciales el resto ya no es tan importante o prefieren no mirar de frente. Esta evidencia tan dramática ha empezado a generar preguntas sobre el papel que tienen los cinco sentidos y el placer en la mesa a través de la comida.

Los bancos de semillas tienen un objetivo claro: evitar la pérdida de biodiversidad de cultivos y especies silvestres que han alimentado a las generaciones pasadas. Son pieza fundamental por la resiliencia de las variedades tradicionales para el sostenimiento de la diversidad y el patrimonio vegetal mundial. En los bancos se pueden encontrar algunas especies que, de no haber sido por su labor de prospección, habrían desaparecido para siempre. Cuando vemos hacia dónde va el mundo y que no vamos a poder dar a nuestros herederos lo que hemos recibido, las dudas asaltan y las preguntas se multiplican. Cada ser humano tiene la responsabilidad de custodiar la biodiversidad de aquellos alimentos que han conformado la paleta gustativa del hombre en la tierra, y salvaguardar lo que ha heredado y tratar de mejorarlo.

Si hay un espacio que hoy tiene la capacidad de seducir, enamorar, eclipsar y asombrar a todos los sentidos y a la vez convertirse en un lugar en el que está puesta una buena parte de la sabiduría y la cultura del alimento tradicional que ha servido para dar de comer al ser humano a lo largo de la historia, son los Bancos de Germoplasma. A mi juicio, por el conocimiento que adquirí el tiempo que colaboré en uno de ellos, se les debería llamar «Museos del placer o del gusto». En ellos se alberga la identidad, singularidad, memoria, intuición, selección, adaptación, gusto, sabor, textura, y un largo etcétera del buen hacer de los antepasados como muestra de la satisfacción en la mesa y la conducta por salvaguardar lo mejor para ofrecerlo a las generaciones futuras.

Cualquier semilla tiene una información precisa; se podría comparar con un chip de ordenador, en el que hay una gran cantidad de información almace-

nada. La diferencia estriba en que este invento es un elemento creado reciente-
mente con la visión y el conocimiento de unas pocas personas, mientras que
una semilla es un fruto dado por el Creador y además aglutina la sabiduría de
los humanos, que han intervenido en su selección y adaptación durante miles
de años. Las semillas son una obra de auténtica sabiduría colectiva, que tiene
vida propia y que sigue precisando la intervención del ser humano para estar
viva. Estamos ante algo de infinito valor, único en la faz de la tierra, que emo-
ciona a los cinco sentidos, además de nutrir, aportar felicidad, alegría y placer, y
que trasciende la vida de las personas.

La erosión genética debida al éxodo rural, la deslocalización de las producciones, el uso de semillas híbridas, el ocaso de la cultura hortícola y agrícola
local, etc., la destrucción y pérdida del patrimonio alimentario es demoledora.
El consuelo que queda a una gran parte de las semillas es aguardar a un tiempo
más esperanzador, aunque las semillas siempre están esperando el entusiasmo
y la comunicación con el ser humano para volver a estar en contacto con la
tierra, regenerarse, adaptarse y dar los mejores frutos y semillas para comenzar
un nuevo ciclo. El momento ha llegado y el ser humano no puede permanecer
impasible si pretende que las próximas generaciones sigan teniendo a su disposición diversidad y sabor, de lo contrario cada vez y de forma más acentuada
los hombres y mujeres comerán en base a un alineamiento controlado y que
desvirtúa la calidad. Un sentido inequívoco de la crisis de sabores que está padeciendo el ser humano en todo el planeta, dando la espalda sin criterio alguno
a todo el valor cultural originado generación tras generación por un adoctrina-
miento y alineamiento de la comida de forma globalizada.

Los bancos de germoplasma llegarán a convertirse en lugares de visita como
si se tratara de auténticos museos. La sociedad debería reconocer su importancia y su significado por todo lo que pueden devolver al territorio y a las mesas,
para reflote de las cocinas tradicionales, que hoy ven colapsada su integridad
por el uso de alimentos sin origen. Los bancos de semillas pueden devolver la
vida a las huertas locales para volver a estimular los cinco sentidos y recuperar
sabores hoy perdidos, y recobrar el respeto por la cocina local, sostenible y
vertebradora de territorios. Para que esta acción se concrete, falta la decisión
y esta se toma cuando las certezas y las convicciones son más evidentes que la
imagen y el materialismo.

Cocina identitaria

Todo en el planeta está unido, nada queda al azar, todo está tejido en una trama que se mueve y comunica todo con todo. De este modo todo lo que hacemos tiene consecuencias en nosotros, en los demás y en el planeta. Desde la libertad y la responsabilidad, los seres humanos tienen la capacidad de comprender y reconocer la cocina identitaria que está en armonía con su salud y con el equilibrio de los reinos del planeta. Cocinar con identidad es la base para disfrutar de la energía del gusto y crear un futuro mejor. Ya vale de mirar para otro lado, tenemos que empezar a ser adultos y definir qué cocina queremos afrontar, de ello depende el orden en el planeta. La tierra es un ser vivo, comprender esto es dar un gran paso para acceder al arte de vivir y, a través de la cocina identitaria, disfrutar de la alimentación.

La tierra es la casa de más de ocho mil millones de personas, no es propiedad de nadie, nadie tiene la legitimidad para atentar contra ella, todo lo contrario, cada persona debería agradecerle cuanto tiene, porque todo sale de ella. La especie humana, gracias a los sentidos, disfruta de la infinidad de matices que ofrece la tierra, y el sentido del gusto probablemente sea el que más satisfacciones y placer reporta. La energía que llevamos al cuerpo físico es el combustible que nos da fuerza, salud y disfrute para estar felices, cuando la alimentación no es la versión que generó la tierra, indica que el equilibrio entre los reinos se está desmoronando, la armonía ya no es la correcta y es preciso hacer ajustes para encontrarla de nuevo.

Si creo que puedo hacer algo por el colectivo de los hombres es porque lo puedo hacer, en la mano de cada uno está la posibilidad de expresar y dar lo mejor de sí para comprender la dimensión de nuestra responsabilidad y compromiso. El colectivo humano forma parte del planeta, es una pieza vital del puzle de la tierra, y el libre albedrío permite a cada ser humano en total libertad colorear su vida y a la vez la del planeta. En el mundo actual, es evidente que las cosas han cambiado muchísimo y de manera muy veloz; la globalización y la tecnología son una realidad y con ello hemos empezado a ver que las cosas suceden casi simultáneamente en sitios muy dispares, algo que tan solo unas décadas atrás nos hubiera parecido imposible.

El conocimiento que atesora la especie humana le permite ver y comprender detalles que enriquecen su propia vida. Hoy tenemos acceso a un elemento que está en todas partes y en todo, que permite integrar toda la información, los científicos hablan de él como un tejido, una malla, donde todo está unido e insertado y participa activamente en la comunicación de todo lo que vive en el universo. Este elemento se llama «trama»; sin él, ninguna energía podría reconocerse o comunicarse. El ser humano es parte de la trama, por ello cada acción que lleva a cabo se comunica a través de ella con los reinos y tiene una trascendencia en estos. Gracias a la trama, podemos sentir si nuestra alimentación está en armonía con el planeta.

Asistimos a un monopolio de las industrias alimentarias que atentan contra la vida de los seres humanos en el planeta; la crisis de sabores y la pérdida generalizada del gusto son consecuencia de la descomposición de las cocinas identitarias. Si continúa esta hemorragia, no será posible nutrir a la tierra; hombres y mujeres deben empezar a tomar responsabilidad sobre el rol de la cocina identitaria en cada rincón del planeta. Cuando la tierra enferma, todos enfermamos, debemos explicar bien esto para que aquellos que andan ciegos y no son capaces de ver la realidad despierten y se pongan al lado de la energía de consciencia. La cultura culinaria de un territorio define su cocina identitaria, es la consecuencia de la posición del ser humano en la mesa y el lugar que habita. El único inconveniente para no considerar esa cocina como muestra de la complementariedad y riqueza de la gran variedad de cocinas del mundo es uno mismo, por lo que resulta indispensable mirar dentro para saber qué hay fuera.

3.1. Cocina tradicional. Cultura del planeta

Tener cultura del planeta es saber vivir, comer y hablar de la cocina tradicional allí donde estemos, es el mejor síntoma para reconocer la identidad de un lugar y experimentar su realidad en el estómago. Vivir vinculados a la tierra y al alimento nos fortalece como seres humanos y nos da otra dimensión de la vida, nos reencuentra con la felicidad y con la relación humana como ser vivo con la Tierra.

El gran mosaico de cocinas tradicionales es consecuencia de la riqueza de culturas del planeta, esta es la única verdad, la cocina tradicional está en continua regresión, la relación del conjunto de la humanidad con la Tierra no debe continuar así. El clima está cambiando y esto cambiará la alimentación. El modelo alimentario diseñado y que gran parte de la población mundial sigue a partir de los años sesenta es insostenible. Alejarse de la cocina tradicional ha supuesto romper con la cultura del planeta que ha dado de comer durante siglos teniendo en cuenta los ritmos de la naturaleza y la interacción de los reinos del planeta. Actualmente estamos consumiendo un modelo de comida deslocalizada, ultraprocesada y cara.

Es cierto, aunque algunos traten de pintarlo de otro color, las frutas y hortalizas de hace medio siglo tenían más sabor y olor que las de ahora, pero no solo eso, la composición nutricional también era superior a lo que tenemos hoy en los mercados. A esta realidad no se le llama progreso. Por qué no preguntarnos cuál es la finalidad del ser humano en la Tierra. Ser feliz. Pero para vivir la felicidad hay que estar en la realidad. El mundo actual no vive en la realidad de los acontecimientos que suceden, vive en una ilusión, vive en un apego a las cosas materiales y alejado del conocimiento y la relación con los otros reinos del planeta. La vida la podemos vivir a nivel teórico o místico, pero no olvidemos que hay energías que ocultan la realidad.

Posicionarnos a nivel de la creación da una dimensión universal, nos ayuda a comprender cosas tan sencillas y a la vez tan bellas como reconocer el orden en la vida. Quizás podemos tener acceso a un mismo modelo de teléfono en cualquier lugar, pero imaginar que podemos comer lo mismo en cualquier parte del planeta es una temeridad que tiene graves consecuencias para el devenir del planeta y del progreso humano. Estamos en una situación de emergencia mundial a causa del cambio climático porque la humanidad se ha separado de la naturaleza, recuperar la cultura del planeta vinculada a ella y a la cocina tradicional es el camino para restaurar la armonía y la convivencia del colectivo humano con la Tierra. Es tiempo de reflexionar sobre cómo nutrimos nuestro cuerpo físico; cocinar en conciencia nos hace más humanos, hacerlo en sintonía, armonía y equilibrio con los reinos nos fusiona con el planeta, sube nuestra tasa vibratoria a la vez que nutre al colectivo humano. En el aspecto cultural y de la comida apuntaba Massimo Montanari:[12]

> La comida es cultura cuando se produce, porque el hombre no utiliza solo lo que se encuentra en la naturaleza (como hacen las demás especies animales), sino que ambiciona crear su propia comida superponiendo la actividad de producción a la de captura. La comida es cultura cuando se prepara, porque, una vez adquiridos los productos básicos de su alimentación, el hombre los transforma mediante el uso del fuego y una elaborada tecnología que se expresa en la práctica de la cocina. La comida es cultura cuando se consume porque el hombre, aun pudiendo comer de todo, o quizá justo por ese motivo, en realidad no come de todo, sino que elige su propia comida con criterios ligados ya sea a la dimensión económica y nutritiva del gesto, ya sea a valores simbólicos de la misma comida. De este modo, la comida se configura como un elemento decisivo de la identidad humana y como uno de los instrumentos más eficaces para comunicarla (Montanari, 2006).

Si atendemos a cómo se mueven los mercados en la actualidad, asistimos al desorden más absoluto y alejado de la certeza cultural de la que habla Montanari. El año 2025 nos abre a un tiempo nuevo, colectivo y humanista. La sinergia que debe coexistir entre la cocina tradicional y la cultura del planeta es una puerta para despertar y conectar con la pertenencia a la comunidad humana. Comenzar una nueva relación con la Tierra, con nuestros semejantes y con nosotros mismos es una prioridad absoluta. Los hombres tenemos que hacer este camino con alegría; todo se completa, se integra, en la interdependencia del todo, en la complementariedad de la verdad de la vida. Hoy las decisiones se toman a favor de la materia, el ego y el poder; es una gran trampa, asistimos a situaciones extraordinarias, pero que se vuelven ordinarias. Muchas cosas se quieren normalizar siempre con el mismo fin: la especulación y el interés individual. El mundo necesita entender lo que está pasando, viviendo, y hace falta tomar decisiones; los valores son esenciales para entrar en un tiempo nuevo. Es momento de decidir para el mundo y por el mundo, y la función de los seres humanos es vital para el equilibrio de las cosas.

Es una necesidad tomar consciencia del modelo alimentario imperante y constatar su incompatibilidad con una cultura del planeta que considera la co-

---

[12] Massimo Montanari: *La comida como cultura*, Gijón: Trea, 2006.

cina y la gastronomía bienes universales heredados que se deben conocer, salvaguardar y dejar en herencia a las próximas generaciones. Responsabilizarnos de la cultura del planeta en torno a la alimentación es despertar la conciencia hacia la identidad culinaria y gastronómica en las regiones del mundo. Parece una confabulación cómo la globalización y la era digital se muestran frente al reino humano, es una prueba inequívoca de que la humanidad en su conjunto debe salir de la posición de acomodo e individualismo para integrar el significado y alcance de la cultura del planeta respecto a la cocina. Por consiguiente, es el momento de tener el valor de preguntarnos si estamos formados y si tenemos o no tenemos cultura del planeta en materia alimentaria. Es fundamental que cada ser humano comprenda dentro de sí el nexo de pertenencia al planeta para luego expresarlo fuera. Cada acción que realizan los seres humanos como reino consciente tiene consecuencias directas sobre la Tierra y sobre nuestros semejantes. De esta manera, mostrar el significado de lo que representa tener cultura del planeta es clave para edificar la gastronomía tradicional y ser parte activa de su mantenimiento.

El papel que tiene la cocina tradicional en la cultura para un gran sector de la población ha pasado a segundo o tercer plano por la desconexión del hombre con la naturaleza y el planeta. Educar en esta área es una tarea que debe ser tenida en cuenta en los hogares, colegios, universidades, trabajo, residencias, hospitales…, por las consecuencias y efectos que se derivan en el conjunto de la sociedad. Atentar contra la cultura del planeta es dejar huérfanas a las generaciones venideras de su alimento vital, la cocina tradicional. La globalidad se debe manejar con mucha precisión para que no se vuelva contra nosotros, sobre todo en lo que concierne a la alimentación. La vida confronta a cada ser humano con sus debilidades, sintámonos seres especiales, capaces de hacer grandes cosas, vivamos las dificultades y limitaciones con confianza, y expresemos todo nuestro potencial para contribuir a que la cultura del planeta ligada a la cocina tradicional esté activa, sea reconocida y muestre la verdadera identidad en cada rincón del planeta.

La sociedad debe comprometerse para liberarse. Comprometerse y reconocer la cultura de la cocina tradicional del planeta en todas sus manifestaciones es un acto de fe y de amor a la Tierra. Tratar de sacar provecho de ella y no ser proactivo es un error que tiene sus consecuencias. Estar en el don y la humildad de la trascendencia de cada acto en el plato nos da el sentido de pertenencia. El ser humano es responsable de sus elecciones, somos lo que somos y estamos donde estamos fruto de todo lo que hemos hecho o hemos dejado de hacer en el pasado.

3.2. Cocinar. Mucho más que una profesión

La cocina es para vivirla y también para contarla. Así como uno cocina, así reconoce la Tierra. Cocinar es tomar una posición frente a la vida, cocinar es asociar y reflexionar con base en observar, escuchar, integrar, ser, conocer y saber hacer. Es reconocer y aceptar todo cuanto está a tu alrededor para crear una cocina que debe cuidar la salud, satisfacer el placer y recuperar una alimentación en equilibrio con la Tierra. La profesión debe expresar libertad, certeza y fuerza para desarrollar un concepto nuevo de alimentación donde la gastronomía sea resultado de la armonía entre la fertilidad de la tierra, el mantenimiento de los guardianes del sabor, y la biodiversidad vegetal y animal local. Argumentos que son consecuencia de la conciencia humana y nos deben hacer reflexionar sobre cómo debe ser el verdadero vínculo entre alimentos, personas y planeta en cualquier parte de este.

Debe ser un orgullo ejercer la profesión de cocinero, una verdadera responsabilidad hacerlo con esmero y sabiduría para mantener un verdadero equilibrio en la tierra. Cocinar y servir con el afán de satisfacer el estómago y agradar al paladar en la mesa es una verdadera obra de arte y la única que despierta todos los sentidos; disfrutar en la cocina es el mejor ingrediente para crear y vivir la felicidad en la mesa y en la vida. Cocinar es contar una historia. Una visión más holística de la profesión es el camino para acceder a una cocina que contribuya a una relación más honesta con el planeta. Transmitir a través de la cocina la historia de un territorio es una labor consustancial a la profesión, como también lo es mantener el equilibrio y el orden culinario para preservar la identidad de las cocinas locales, el sabor original y el gusto en la mesa.

Los estereotipos gastronómicos modernos y las ilusiones de la cocina con estrellas no favorecen en nada el fervor de la cocina identitaria que tanto ha contribuido a lo largo de la historia a la sana y sabrosa relación con el planeta.

Qué gastronomía vamos a dejar a las generaciones venideras sin valores culinarios que consideren la historia hortícola, agrícola y ganadera local. Hasta hace tan solo unas décadas, la cocina hablaba de la tierra y de las cosas que en ella se cultivaban, los platos expresaban la tradición, el buen hacer, el arte, el oficio y la cultura de un territorio. En el pasado había una identidad en los ingredientes que se utilizaban para conformar una elaboración, ahora la creación culinaria basa su modelo en construir una cocina en torno a la imagen, sin considerar el lugar de procedencia, la trascendencia en el territorio y el retorno pecuniario al productor local.

Muchas de las fórmulas culinarias actuales quieren mostrar una realidad ensalzando un ingrediente y obviando el resto, intención desconsiderada e interesada por aparentar lo que no es. Estas prácticas van en detrimento de la investigación y el despertar culinario local. Si así acontece, el resultado es la homologación de las cocinas, el alineamiento de la oferta y la confirmación de la pérdida del gusto. Hacer de la vida un arte a través de la cocina es poner el alma en cada acción para que reine lo más bello. Ser un creador es abrir la consciencia a la universalidad, tener una bella mirada sobre las cosas, sobre las gentes y sobre el mundo. La cocinera o el cocinero artista marcan el tiempo con las acciones que realizan en el instante. Cocinar en consciencia tiene una fuerza extraordinaria que permite conocerse y trabajarse para revelar lo que uno ha venido a aportar al colectivo. El cocinero debe preguntarse si se siente bien, si es feliz, si le gusta lo que hace y si está satisfecho con lo que ofrece y con la impronta que deja en los alimentos, en las personas y en la Tierra.

Cocinar es un arte, pero componer platos en armonía y equilibrio con el conjunto del planeta es fusionarse con la belleza de la creación. Cocinar y estar en tiempo presente es un hábito que debemos integrar sin vacilación; de esa manera los platos hablan de lo que la tierra ofrece. El profesional de cocina debe saber cómo interactúan todos los elementos que intervienen en una receta: agricultores, ganaderos, pescadores y artesanos, la diversidad alimentaria, la cultura culinaria local, la técnica y la presentación en los platos. Todo ello es la base en la que se sustenta la vertebración de un territorio y el mantenimiento de la historia de la cocina gracias a la comida. Teodoro Bardají,[13] el precursor

---

[13] Teodoro Bardají: *La cocina de ellas*, Huesca: La Val de Onsera, 2002.

de la cocina moderna en España, un adelantado a su tiempo que trabajó por defender el origen y el significado de los platos nacionales, nos dejó esta frase:

> Siendo España el país que reúne en su suelo los más variados y excelentes frutos, legumbres y hortalizas, y en cuyos prados se crían ganados cuya carne iguala y aun supera a las mejores del extranjero, resulta anómalo que todos los cocineros prescindan de los nombres nacionales para la composición de las listas de sus comidas (Bardají, 2002).

Más de setenta años después se constata el estado en el que se encuentran las cocinas regionales por la imparable estandarización y pérdida de identidad de las cocinas locales, la deslocalización de la agricultura respecto al lugar de consumo y el abandono de las variedades vegetales y razas tradicionales.

Cocinar y salir de los acomodos, apartarse de la crítica interesada, alejarse de las modas adulteradas, y tomar la decisión de reeditar y actualizar la cocina tradicional, su esencia e identidad, es un fin y el principio para iniciar otras formas de entender y vivir esta profesión. Cocinar teniendo como ingrediente principal la responsabilidad de hacerlo para beneficio de todo el colectivo humano es un bello aliciente personal y un encomiable ejemplo. Si uno se hace parte operativa y activa de la humanidad, entonces ella se hace parte de nosotros, la visión y retorno que nos da es algo que cada uno debe experimentar y vivir.

3.3. Cocinas locales. Identidad y singularidad en el plato

La relación entre las cocinas locales y el recetario tradicional es el resultado de la interacción de un buen número de aspectos, considerando la identidad y singularidad de todos ellos como el elemento matriz para una comprensión razonada del papel de la cocina local en cualquier parte del mundo. Saber a quién escuchamos o quién nos asesora es importante; hay relaciones y vínculos que nos hacen estar fuera de nuestra identidad. Si no somos nosotros, qué sentido tiene hacer cosas bajo la prescripción de lo que otros dicen o hacen. Massimo Montanari señala en el libro *La comida como cultura*:

[...] la comida se configura como un elemento decisivo de la identidad humana y como uno de los instrumentos más eficaces para comunicarla (Montanari, 2006).[14]

Estamos en un momento histórico que debe hacer despertar a la humanidad de la ceguera en la que está inmersa, la mutación se consumará si de forma humilde y consciente se gestiona con brillantez la posición que deben asumir los prescriptores de la cocina frente a la identidad de las cocinas locales para perpetuar las singularidades culinarias en la mesa.

Los platos con identidad y singularidad ejercen un menor impacto negativo sobre el planeta y un retorno positivo sobre quien lo ejecuta y aquellos que lo disfrutan. Las recetas deben guardar armonía con el lugar donde se expresan, con los matices cimentados durante siglos por el encuentro y la convivencia entre distintas culturas. Por último, hay un rasgo más que caracteriza y da la potencia y la diferencia a la cocina local, que es el sentimiento y la vivencia de quien la profesa. La cocina local tiene que reflejar la esencia del lugar para aportar en el plato la versión más actualizada de cada elemento que interviene en él. Teodoro Bardají[15] deja esta frase donde halaga la cocina identitaria y regional española ante la influencia y la moda de otras cocinas europeas:

> La verdadera y genuina cocina española reposa en los fogones regionales, que han podido salvarse de la invasión cosmopolita, causante de la estandarización de nuestras delicias gastronómicas (Bardají, 1944).

Ocho decenios después asistimos a la consumación de un hecho que será difícil que remita y que hoy enojaría a algunos de los cocineros más grandes que ha dado España y nos debería preocupar a todos, sin excepción, por las consecuencias que tiene en la cultura culinaria de la península ibérica.

Vivir, sentir, creer y conocer la diversidad de las culturas locales alimentarias para armonizar los reinos mineral, vegetal, animal y humano, es una forma de encontrar el vínculo entre las personas y la mesa. La cocina local debe considerarse consustancial al motor de desarrollo y vertebración de un territorio, elemento indisociable para el mantenimiento de la identidad y singularidad

---

[14] Massimo Montanari: *La comida como cultura*, Gijón: Trea, 2006, pp. 9-10.

[15] Teodoro Bardají: *Cocina para fiestas*, Madrid: Aldus, 1944.

alimentaria de un lugar determinado del planeta. Es una prioridad proteger la identidad y el vínculo con el lugar, con la cocina; alterar esta relación es poner en riesgo una fórmula natural que ha funcionado a lo largo de la historia y ha dado resultados satisfactorios. La perfección con la que se manifiesta la relación entre la cocina local y la identidad y singularidad de los ingredientes es un valor único, inédito y singular por la exclusividad que guarda con el ciclo de la vida.

El concepto propiciado y asumido en los países desarrollados de alimentar a la población con productos de regiones, países o continentes distintos al lugar de consumo, con hábitos alimentarios importados y a base de alimentos amparados en marcas comerciales está impactando negativamente sobre el conjunto del planeta, pues está arrinconando la identidad y singularidad de las cocinas locales. A un plato se le dota de carácter y personalidad propia con la frescura de sus ingredientes si mantienen la identidad y particularidad de un territorio; actualmente, están desapareciendo o maquillándose las cocinas locales a partir de intereses individuales de especulación y no de razón.

Otro de los conceptos que debe repensar el ser humano es el gesto de comer a capricho, sin considerar la temporada, el origen, el papel de los guardianes del sabor y la diversidad; las consecuencias son devastadoras para las cocinas locales. Lo mismo ocurre cuando se propicia y mantiene una oferta culinaria sin considerar la producción local, abasteciéndose de países o continentes lejanos obviando la estacionalidad. Desdeñar la cocina local es vivir de espaldas al lugar que uno habita y al planeta que lo acoge; en cambio, recobrar la cocina local es posible si hay una posición consciente de amor y reconocimiento del ser humano hacia el planeta.

3.4. Felicidad en el plato. Reencontrar el sabor

Con la alimentación aportamos consciencia a nuestro cuerpo. Los sentidos son la llave para conectar con los alimentos y poder reconocer la comida. Las diferencias y complementariedades entre los seres humanos son la base de la riqueza y la diversidad, es el pozo en el que se asientan toda la memoria y cultura alimentaria ligada al oído, al tacto, a la vista, al olfato y al gusto. La vida es un regalo, nos permite experimentar y qué mejor lugar para vivir sensaciones durante toda la vida que en la mesa, gracias a la comida. Vivir con fe, conciencia y certeza permite reencontrar el sabor, es la mejor ofrenda para nosotros y para la vida misma. Las acciones que llevemos a cabo nos serán devueltas con la misma o mayor fuerza. Si construimos cosas positivas la vida nos devolverá cosas positivas, si lo hacemos en negativo nos devolverá cosas en negativo, es una ley universal.

El mundo globalizado se presenta como una estructura en la que la competitividad y la individualidad son la base del éxito. Pero lo cierto es que el éxito verdadero es aquel que se consigue de forma colaborativa y colectiva. Para que un ser humano se sienta bien tiene que reconocer que sus congéneres están bien a su alrededor y en cualquier otra parte del mundo. La mesa y la convivencia en torno a ella son la mejor baza para gestionar la vida y la salud con éxito. De ello dependen muchas de las decisiones y características de lo que acontece en la vida. Ya está bien de esconder las cosas, de engañarse a uno mismo, vivir el colectivo es una decisión y un buen ejemplo, formar parte del colectivismo que algunos profesan con gran devoción no es más que dar la espalda a nuestros semejantes y al planeta. Compartir y servir es una parte que todo el mundo debe mostrar como algo «sagrado» que forma parte del hombre; en estos momentos la «materia» hace su trabajo de división; los malentendidos, la comunicación explosiva y la mentira, distorsionan y provocan un enorme malestar en la vida pública.

Los alimentos son la base de nuestra existencia, comemos durante toda nuestra vida y varias veces al día, así que nutrir nuestro cuerpo físico, nuestras células, nuestra alma y nuestro espíritu va mucho más allá y es el pilar para la salud, el bienestar, la alegría, en definitiva, la felicidad. El sabor es parte indisoluble de un alimento, es la esencia y la sustancia que lo engrandece o lo convierte en un residuo. Estamos ante una crisis de sabor, una erosión sin precedentes, una pandemia en toda regla. A veces cuesta creer, pero ya es detectable, que algunas personas hayan perdido su memoria culinaria y no tengan capacidad para reconocer sabores y texturas originales, al margen de las que procuran los alimentos de la industria alimentaria.

Todo es un proceso de aprendizaje: al principio puede costar, pero poco a poco se pueden reconocer sabores que pensábamos que no existían y comprender cómo hemos llegado a este estado y qué dirección queremos tomar.

Una nueva mirada debe prevalecer a la hora de mirar y reconocer una receta. Quedarse solo en los ingredientes y la técnica no es suficiente, debemos valorar la salud del planeta para hallar el sabor en la mesa. Cocinar un plato es un acto sagrado e intuitivo. El criterio que tenemos a la hora de elegir una receta u otra, los ingredientes, el momento de su elaboración, el lugar, el conocimiento de esta, el valor sentimental, el precio, etc., es fruto de la conciencia y del respeto por la armonía en el planeta. Debemos tomar en consideración que la mesa es un espacio de reunión para vivir momentos únicos, especiales, donde el tiempo dedicado no es baldío, y si no recuerden la idea que tenían los filósofos del momento de la comida. La comida no es algo para especular, es una forma de expresión, donde el amor y el don son la base para ofrecer lo más bello.

El viaje y reflexión al que enfrentó al mundo y apuntaba Carlo Petrini[16] cuando creó el movimiento Slow Food, era una llamada a la prudencia y la sensibilidad frente a los hábitos alimentarios. Petrini nos llevó a comprender que «comer es un acto agrícola» en el libro *Bueno, limpio y justo*, en el que pone la mirada sobre un nuevo modelo de gastronomía basado en el reconocimiento cultural agrícola de los territorios del planeta y su relación con el sabor, la sostenibilidad y la justicia social.

> El alimento es una red: de hombres y mujeres, de saberes, de medios, de ecosistemas, de relaciones. La variedad temática de la gastronomía nos permite leerla, analizarla, valorarla y, eventualmente, conocer a quienes la componen. Aceptando el principio de coproducción, los nuevos gastrónomos son parte de esa red, junto con los productores, impulsados también por intenciones gastronómicas. Todos los seres humanos que la componen, en principio, deberían tener el mismo fin gastronómico: que ese plato de pasta con tomate sea bueno, limpio y justo (Petrini, 2007).

La salud en la Tierra y en la mesa es el disfrute de la vida, expresa el placer, el gozo, la vivencia de comer y sentir en el paladar y en cada célula del cuerpo estímulos para reencontrar el sabor, una clara evidencia de que la vida no es supervivencia, es corazón.

[16] Carlo Petrini: *Bueno, limpio y justo*, Madrid: Polifemo, 2007.

Por el cambio a través de la comida

Un nuevo año, un nuevo tiempo y la vida nos da una nueva oportunidad para cambiar, para salir de los acomodos y tomar la responsabilidad de priorizar, de poner encima de la mesa el verdadero papel de desarrollo y vertebración que aglutina una sociedad: el alimento. El ser humano debe tomar conciencia del tiempo perdido y de los errores cometidos, confiar en uno mismo y en los demás, pero teniendo en cuenta al conjunto de seres humanos y a la naturaleza de la que formamos parte. Recuperar la armonía y el equilibrio en un territorio a través de la comida es la mejor enseñanza para gestionar la cultura, el sabor, la tradición, la economía, el lenguaje, la investigación, la innovación, la sostenibilidad y la justicia; de manera identitaria, diversa y a la vez complementaria.

La cultura alimentaria en toda su dimensión es la clave para recuperar el orden y dar ejemplo a las nuevas generaciones. Asistimos a un momento revelador, nos enfrentamos a grandes desafíos, y todavía hay preguntas sobre cuál es la verdadera relación entre la humanidad y la naturaleza. El ser humano, cuando se deja llevar por el orgullo, el poder y el materialismo, se distancia de los preceptos de la naturaleza y la cooperación; le hacen tambalear y contribuyen al alejamiento progresivo de la esencia humana de la que está hecha. El conocimiento y el amor a la comida es la vía para el cambio, la realidad que vivimos evidencia el desapego a la cultura alimentaria tradicional frente a un despliegue de intereses por manejar el control de la comida para beneficio de unos pocos que dictan fórmulas totalmente destructivas con la diversidad y singularidad que la vida ha dado en cada rincón del planeta.

En lo que llevamos de siglo se está consolidando el declive de la cocina tradicional, el desprecio hacia el patrimonio alimentario local y la inacción frente a la gravísima erosión genética de semillas hortícolas y de legumbres que dieron de comer a cientos de generaciones hasta hace medio siglo. Demasiadas situaciones han confluido para llegar al momento actual; interesante y necesaria reflexión la que necesitan realizar gobiernos, empresas, colectivos y personas ligadas al mundo de la producción y comercialización de alimentos. Es incontestable, la «crisis del sabor» sobrepasa a la sociedad de este siglo, un hecho inimaginable tan solo unas décadas atrás y que, de no hacer nada, limita y cercena a gran velocidad la capacidad de disfrute y satisfacción en la mesa con lo que ello representa.

El cambio está en las aulas, el rol del alimento debería empezar a ser materia de estudio en la formación escolar. Las consecuencias de dejar el modelo alimentario en manos de los mercados son de sobra conocidas, así que estamos ante una de las competencias que debe considerar prioritarias cualquier país. Empezar a reconocer la relación que hay en la mesa entre el plato y el territorio es una cuestión en la que cada Estado tiene una responsabilidad, por el bien de la especie humana y del planeta. Nadie va a comprar lo que no conoce, por eso es necesario conocer, saber y valorar la labor de los hortelanos locales, salvaguardar la diversidad genética de los territorios para mantener las variedades singulares y el sabor inédito que ofrecen. Hace falta ensalzar la verdadera cultura popular ligada al alimento y por último, es importante reflexionar sobre el papel que tienen nuestras elecciones en la compra. Resulta paradójico y a la vez inversamente proporcional la manera en que los seres humanos nos alejamos de la naturaleza, del territorio, de la diversidad gastronómica local, mientras sorprende la cantidad de cursos, talleres y formación culinaria que se imparten en todo el Estado español. Nunca se había despreciado tanto el sabor, la diversidad y a los agricultores locales como en la actualidad. ¡Con la influencia que tiene esta profesión secular sobre el territorio y la salud de un país!

El cambio empieza en uno mismo, es una nueva dinámica para pasar a la acción y abordar las cosas que de verdad son importantes. En consecuencia, la alimentación consciente, la alimentación cotidiana, es la mejor enseñanza para uno mismo y para el colectivo de hombres y mujeres. Ser parte del cambio que a la inmensa mayoría de ciudadanos les gustaría que se produjera no debe ser una carga, ni debe ser tomado como una orden; es una mirada nueva a la hora de enfrentar las cosas. Entender que llevamos a cabo acciones para fomentar una cultura social y alimentaria basada en el orden, el respeto, el compromiso, la libertad, la fraternidad, el amor y el gusto por la vida debe vivirse como una plena satisfacción personal. Tener un espíritu crítico y una visión clara de las cosas nos da la sabiduría para hacer frente a los nuevos retos y no contagiarnos de los modelos que atentan contra el sabor, la armonía y el equilibrio de la vida en la Tierra. La comida es el ingrediente que permite conectar con la felicidad en la mesa de manera cotidiana.

4.1. Posición del ser humano. En la mesa y en el lugar que habita

La posición encuentra la solución. Preguntarse en qué es uno excelente y qué puede hacer para habitar ese espacio que hace más humano hasta al más escéptico es un excelente motivo para no detenerse. El riesgo con las cosas es no hacer nada; si cada acto, cada día está hecho con certeza y una conducta irreprochable, la eficacia y el ejemplo que damos no ofrece duda alguna. El ser humano debe tomar consciencia de cómo influye sobre su cuerpo la manera de alimentarse; la posición que adopta frente a la comida es una responsabilidad a todos los niveles. Las personas expresan en la mesa, a través de su conducta, el vínculo que tienen con el lugar que habitan, la relación con el alimento vegetal y su conexión con el mundo animal. Las elecciones que hacemos en la mesa son consecuencia de los hábitos y tradiciones de la familia, del colegio y de la relación con el entorno. Distintos aspectos han alterado el nexo entre los humanos y la naturaleza; el importante éxodo rural a las ciudades y el modelo de sociedad de servicios y ocio han llevado a mujeres y hombres a un estilo de vida en el que el alimento ha dejado de tener el rol de la centralidad. La comida hoy no presenta dificultades para su adquisición, aunque sigue habiendo riesgo de escasez en algunos países y se aprecia un aumento del coste especialmente para las rentas más bajas. Esta nueva civilización, concentrada en ciudades y países desarrollados, y considerada por algunos un exitoso logro social, hace aguas en áreas tan básicas como el sistema agrario, ganadero, ambiental y sostenible.

Cualquier sociedad que quiera perpetuarse en el tiempo tiene que poner a las personas y el alimento en total sinergia con el lugar que habitan. El sector agrario, ganadero o pesquero representan la despensa y el sustento real de un pueblo. Estamos viendo ciudades dependientes y a la vez vulnerables desde un punto de vista alimentario y, cada vez más, asistimos a un error sin precedentes: ver con total indiferencia como en las zonas rurales, aun teniendo tierra, agua y tiempo, no se genera alimento porque resulta más fácil traerlo de cientos o miles de kilómetros de distancia. Tomar consciencia de esta realidad es un paso para reconocer esta situación y mirarla con otro soporte. Mientras la posición del ser humano en la mesa y el lugar que habita no reconozca a los reinos de su entorno, no considere la diversidad alimentaria local, no tenga en cuenta a los agricultores, ganaderos, pescadores y artesanos, y no valore la singularidad e identidad de su lugar, podemos constatar y confirmar que se mantendrá un desequilibrio y un desorden que tiene consecuencias para todos. Salvo excepciones y de manera general, las mesas de los hogares y de los establecimientos de hostelería padecen esta desconexión.

Especular con la alimentación es especular con la vida de uno mismo y con todo lo que nos rodea. Comer y nutrirse en consciencia, con el soporte de preservar y cuidar el planeta Tierra es un acto que nos hace más humanos y nos conecta con la creación. La consciencia nutre la eternidad con informaciones y con experiencias de vida, la vanidad y la sinrazón de algunos es utilizada para mercadear y negociar con la comida como cualquier otro objeto. La comida es algo vivo, que nos conecta con la vida y la especificidad del lugar. Todo cuanto concierne al alimento antes de llegar a la mesa tiene consecuencias y deja una impronta en el sabor, en la salud del ser humano y en la del planeta. Sin duda, las mesas que se satisfacen con alimentos locales que contribuyen a la sostenibilidad del conjunto del planeta ofrecen un mayor sabor, placer y consciencia.

Permítanme recordar que hay grupos y colectivos que generan confianza en cuanto a la posición y trascendencia que dan a la relación entre lugares, personas y la mesa, aspecto vital para agitar consciencias y abrir los ojos. Cuando se ha cumplido un cuarto de siglo de la presente centuria sobrecoge observar que ni las causas ni las consecuencias del desatino alimentario hacen espabilar a una sociedad adormecida que ha confiado todo a las grandes corporaciones alimentarias. Considera Zygmunt Bauman:[16]

> La responsabilidad no tiene capacidad de determinar mis acciones. Uno puede ignorar y hacer oídos sordos a la exigencia ética o desafiarla, de forma intencionada y con plena conciencia sin que le lleven ante un tribunal de justicia y con solo un riesgo moderado o ligero de ostracismo, sanciones comunales o daños irreparables

---

[16] Zygmunt Bauman: *El arte de la vida*, Barcelona: Paidós, 2017.

para la autoestima. Enfrentarse a la responsabilidad ética, aceptar esta responsabilidad, asumir responsabilidad por esta responsabilidad, es cuestión de elección, ya que no tiene más posibilidades a su favor que la voz de la conciencia (Bauman, 2017).

Para mí, cabe una responsabilidad mayor en este contexto: la reivindicación frente a lo que llamaría «nacionalismo alimentario», proteger la identidad alimentaria como se custodian tantos otros bienes que conforman el ideario de un territorio. Existen centenares de guías, libros, edificios, etc., que recogen montones de aspectos que forman el patrimonio cultural de un pueblo o una ciudad, ¿acaso la comida no es un bien a salvaguardar con el mismo celo que cualquier otra propuesta de arte? El nacionalismo alimentario quizá sea el último resquicio para defender y poner el alimento en el centro del eje social para amparar a todos los actores y mantener viva la comida local en las mesas de manera cotidiana. La posición en la mesa es un acto sagrado que debe honrar y respetar al Creador y a la creación. Según la consciencia que pones en el lugar que habitas, así nutres el cuerpo a lo largo de tu vida. Así como pensamos y actuamos es la energía que aportamos a la Tierra; estamos de paso en la tierra que heredamos y dejaremos a las próximas generaciones. Es un compromiso de toda la humanidad por lo que se deriva de sus consecuencias en el alimento y el mantenimiento de un planeta habitable. La paz en él debe cultivarse en el corazón y alimentarse con el alma. La libertad sin pan no es libertad, por ello la vida pasa por la complementariedad de las diferencias y no de la lógica del fuerte y el débil, o el dominio y la sumisión.

4.2. Educación. El arte de comer en la vida

Igual que el aire que respiramos no conoce fronteras, la educación es libre cuando se alimenta sin ideologías ni intereses. Educar en aspectos relativos al alimento debe permitir al ser humano una nueva mirada al papel que tiene y determina en la sociedad el modelo alimentario admitido. Por eso es necesaria una educación en torno al patrimonio alimentario, la cocina identitaria y el rol del planeta en la mesa; para que cada individuo sea operativo y soporte al cambio a través de la comida. El cambio climático es una realidad, por tanto, hay que empezar a explorar la vinculación existencial entre el ser humano y el planeta que lo acoge, considerando el alimento como base de su sustento. Educación y consciencia para el cambio, con la certeza de que cambiando el hábito de comer cambiamos el mundo. Visualizar y proyectar un nuevo tiempo es un buen punto de partida para analizar, gestionar y promover un hábito de vida donde el arte de comer se convierta en una razón de ser. La comida y el placer en la mesa es un estado que está activado a lo largo de la vida, enriquecerlo con una educación concebida con valores universales es corresponder a las necesidades del alimento, de las personas y del planeta en la actualidad.

La educación en torno a la alimentación debe empezar a abrir un espacio de estudio transversal y de reflexión continuo. Reconocer el planeta como un ser vivo y considerar al reino humano como uno de sus cuatro reinos y el único dotado de energía de consciencia es la evidencia para poder acceder a la comprensión y la sinergia entre educación y alimentación consciente. Formarse en el ámbito alimentario es un compromiso y una responsabilidad que uno debe adquirir para sí mismo, por la salud, por el placer y por reconocimiento a la madre Tierra. La mejor protección para vivir la evolución de la humanidad es la educación, hay que prepararse para tener la maestría de poner la materia al servicio del espíritu. Una educación inspirada en la integridad y el reconocimiento del colectivo de los seres humanos expresará la creatividad, armonía, belleza y amor en cada creación que preparemos en la cocina y llevemos a la mesa. Tener formación en educación alimentaria es una posición frente a la forma de concebir la vida. El hombre es una parte del planeta, comprender que participa de algo colectivo es un buen paso para comenzar a cambiar. El gusto se educa y con ello se construye una cultura; sin duda, no saber y no tener gusto es una opción en la vida, pero indudablemente no es la mejor manera de pasar por ella. El gusto es uno de los placeres que dan acceso directo a la felicidad, pero para tener desarrollado este sentido hace falta trabajar en ello. La educación en la mesa va más allá de los buenos modales o del protocolo; es la capacidad de analizar las propuestas culinarias teniendo en cuenta el lugar, la estacionalidad, la historia y las tradiciones gastronómicas, la diversidad vegetal y animal, la sabiduría de los guardianes del sabor y la técnica del profesional de cocina. La combinación de todos estos parámetros define y expresa el verdadero reconocimiento a la Tierra y el estado de los reinos de la naturaleza. Si hay un trabajo reflexivo el resultado será sabor, placer inédito y singular, estaremos ante una comida sabrosa, placentera y que tiene todas las credenciales para considerarse como un bien o monumento de interés general, pero con una expresión local. El arte de comer debe considerarse como la nutrición del cuerpo y del alma a lo largo de la vida, y a la vez un espacio donde se manifiesta el vínculo real que existe entre alimento y territorio para hallar el equilibrio en el planeta y en el plato.

4.3. Pueblos y ciudades. Equilibrio o dependencia

Concebir el sentido de unidad natural y sinergia entre pueblos y ciudades es alabar los principios de convivencia y pertenencia recíproca. Vulnerar esta relación de equilibrio es entrar en la dependencia y en el terreno de la inestabilidad; al final la cuota a asumir se repartirá sin discrecionalidad. Cuesta observar, en el momento en que nos encontramos y ante la situación que se avecina a nivel mundial, como el poder impide a aquellos que lo ostentan mirar con más profundidad. Es evidente que las enseñanzas y métodos de gestionar, construir y organizar la sociedad rural o urbana está haciendo aguas; se ponen parches donde hay reventones esperando que las condiciones propicien situaciones más livianas y comprensibles para el conjunto de los mortales. Empezamos a escuchar la idea de sociedades inteligentes y sostenibles, a la vez que podemos cuantificar personas que viven en pueblos o ciudades y no tienen nada, ni siquiera lo más básico. La polarización de la sociedad y los extremos desvían al común de los mortales de donde está el verdadero equilibrio para no ser parte de la dependencia.

El planeta padece de forma generalizada y sufre sus consecuencias por la desconexión en materia alimentaria entre pueblos y ciudades ante el abandono de la producción local. El modelo intensivo de producción y deslocalización se engendró el siglo pasado ante la proliferación de una industria floreciente por el cambio social del éxodo rural a las ciudades y más tarde por la fuerza con la que llegó el fenómeno de la globalización. Estos aspectos han sacudido la normalización heredada y mantenida durante generaciones de producir en los pueblos para alimentar a las ciudades por la proximidad.

Las actividades agrícolas y ganaderas siempre han sido secundarias para el mundo de los negocios, se han considerado un trabajo de segunda que no precisa formación, consideraciones poco acertadas y alejadas del simbolismo y la verdad sagrada de la relación íntima entre el ser humano, el entorno y el planeta. Todo esto ha llevado a la deslocalización de las producciones a lugares con rentas más bajas, lo que ha incrementado el consumo de combustibles fósiles, y ha hecho abandonar tierras de cultivos seculares en origen, además de provocar una pérdida de sabiduría en torno a los conocimientos tradicionales y una erosión genética sin precedentes.

Fueron años de gran crecimiento demográfico y de un aumento de la economía que no invitaron a la reflexión y sí a la especulación; prueba de ello es la mayor torpeza cometida por los hombres a lo largo y ancho del planeta, empezando por las ciudades y que luego ha terminado en los pueblos: sacrificar las tierras fértiles que nos dieron de comer y convertirlas en cemento o asfalto, polígonos industriales o centros comerciales. Esta triste realidad también ha llegado a pueblos cercanos a las grandes urbes, un error que tiene un alto precio. La naturaleza parece hoy manejable para los más osados, por lo que el alimento se ha convertido en un fin para especular, enriquecerse y generar expectativas caprichosas a causa de generar una presión desmesurada e intolerable sobre el medio natural. Zygmunt Bauman[17] señala:

> Las naciones ricas pueden permitirse una alta densidad de población porque son centros «de alta entropía» que extraen recursos, muy en especial las fuentes de energía, del resto del mundo, y devuelven a cambio los residuos contaminantes y con frecuencia tóxicos del procesamiento industrial que agota, aniquila y destruye una gran parte de las reservas energéticas mundiales. La población de los países opulentos, relativamente escasa para los estándares planetarios, representa en torno a los dos tercios del uso total de energía (Bauman, 2005).

La involución de la sociedad actual al extraer recursos en materia alimentaria es muy peligrosa. Hacer toma de conciencia, no por obligación sino por amor a la vida para compartir con los que nos rodean es un acto que nos conecta con la madre naturaleza. ¿Cuáles son las ideas de progreso? Hoy no exis-

---

[17] Zygmunt Bauman: *Vidas desperdiciadas*, Barcelona: Paidós, 2005.

ten. Solo existe un cuadro de cosas materiales, incluido el alimento; parece que la versión holística de la comida ya no forma parte de la condición humana. Hoy no hay independencia alimentaria y el inconsciente humano trata de desmoronar la cultura alimentaria construida durante generaciones en cada rincón del planeta. La dependencia y la vulnerabilidad frente al alimento es una constante en la que se encuentran atrapadas muchas ciudades, un síntoma que muestra la pérdida de equilibrio social y que será muy difícil poder restaurar por su trascendencia y complejidad. Medio siglo ha bastado para destrozar una cultura diseñada a prueba de ensayo y error, con el estímulo y participación de civilizaciones y generaciones a lo largo de siglos. Hoy la dependencia es tan grande que muchas ciudades están atrapadas frente al suministro diario de alimento; tan solo una o dos semanas si entrar comida generaría un problema de enormes consecuencias. Desconcierta la indiferencia que todavía se observa en algunos sectores de la población, pero reconforta ver que está naciendo una corriente de ciudadanos que refuerzan el principio de poner la materia al servicio del espíritu. La integridad de cada ser humano y de la creación es el respeto al Creador. Todo forma parte de este mundo.

Los hijos van a evolucionar en la medida en que nosotros sembremos. Con el alimento no cabe la especulación, la salud de las personas es consecuencia en gran medida de la vitalidad de los alimentos. Asistimos al interés de grandes corporaciones por dirigir y diseñar el modelo alimentario de las próximas décadas. Se extrae con celeridad un argumento con enjundia, la intención clara de manejar y decidir qué va a comer la población en general, no con una visión sostenible, cultural y de sabor, sino con el único criterio de la rentabilidad. La sociedad tiene que decir basta, el planeta no puede soportar más presión; habrá que ver de manera colectiva la forma en que se va a gestionar el panorama alimentario. Solo la verdad y un compromiso generalizado que considere el planeta un espacio donde la convivencia y el entendimiento serán la vía para que la humanidad salga airosa de esta prueba que nos ha brindado la vida. Hoy vemos como los políticos degradan la situación por su incapacidad y el no respeto a los valores. Esta es la realidad que debemos analizar con pulcritud para hacer buenas elecciones.

Comprender la sinergia que deben establecer los pueblos y ciudades es parte de nuestra responsabilidad, ser parte de nuestro entorno, de esa dimensión de pertenencia al todo, es integrar la progresión y crecimiento del conjunto global del que somos parte. Contrastan buenas intenciones y propuestas que afloran por recuperar fiestas y tradiciones en las que el alimento es motor vertebrador de la actividad y la relación entre pueblos y ciudades. Se recobran acontecimientos en los que actualmente el punto más débil es el alimento y el considerable abandono de las tradiciones, y la pérdida del relevo generacional evidencia momentos críticos y de convencimiento pleno para reconducir actitudes y dar valor a las cosas que de verdad importan. La evolución del mundo se hará a partir de las decisiones de la humanidad, cada elección pertenece a cada ser humano sobre una base de consciencia. Nuestra individualidad ligada al todo «es ahí donde el sistema se desarrolla». No es algo exterior, es interior. Nosotros somos una parcela minúscula del todo, pero por nuestra consciencia tenemos acceso a él. Es la libertad, es la verdad, la que da acceso al todo, si somos libres podemos hacer buenas elecciones. El respeto a la vida y al alimento que nos da la energía y salvaguarda el planeta es la realidad de nuestra existencia. Los pueblos y ciudades simbolizan la androginia de la Tierra, uno no puede existir sin el otro y viceversa. La gran madre de cada ser humano es la Tierra, maltratarla es un error que tiene grandes repercusiones para todos. El equilibrio es consecuencia de la energía de consciencia de la humanidad.

4.4. Cocinar para el colectivo. El gusto por la vida

A través de la comida se expresa el amor; las mujeres han transmitido el amor desde la cocina en todas las culturas. Cocinar para el colectivo es obrar a todos los niveles, es estar en Amor y Don hacia los demás. Comemos para nutrir nuestro cuerpo, degustar los sabores que expresa la tierra y alimentar el alma; de esta manera podemos hacer consciente toda la memoria olfato-gustativa que nos brinda el planeta. Decía el novelista británico Lawrence Sterne: «La ciencia se puede aprender de memoria, pero la sabiduría no». Cocinar es mucho más que elaborar recetas de memoria, la cocina es intuición y posición del ser humano para crear, reconocer, salvaguardar, estimular y aportar emoción al gusto por la vida, y a la vez tener en cuenta la biodiversidad, la sostenibilidad y el oficio de los guardianes del sabor. Y al mismo tiempo considerar el retorno y gratitud que devolvemos a la Tierra tanto al elaborar la receta o al degustarla como comensales.

Preparar una receta es un acto efímero y cotidiano, lo que significa que continuamente debemos estar en una posición inmaculada para hacer de cada elaboración una verdadera obra de arte. Es la más bella expresión de nuestro estado de salud, de nuestra voluntad, de nuestra consciencia al servicio de nosotros mismos y del colectivo. Satisfacer el paladar con una receta es uno de los mayores regalos que nos podemos hacer, la grandeza está en que cada día tenemos varias oportunidades para que ese momento sea irrepetible. Cocinar permite vivir momentos únicos, es un placer al que deberíamos estar unidos a cada instante y compartirlo con el colectivo de hombres y mujeres de la Tierra. La intuición, la experiencia a través de la observación y el traspaso oral de tradiciones y recetas han conformado unas señas de identidad propias en miles de rincones del planeta. Infinidad de curiosidades y singularidades definen el perfil y el carácter de un gran número de cocinas. Todas estas diferencias, actualmente apreciadas por una minoría, han sido la fuerza y el carácter de territorios para poder expresar su identidad. Todas las diferencias ofrecen una particularidad, matices propios que han hecho que tengan un atractivo especial y que complementen toda la riqueza y maná que la tierra ha dado al hombre. La adaptación a cada momento y lugar ha ido moldeando y configurando tradiciones y recetas ajustadas a cada vivencia. En palabras de Zygmunt Bauman,[18] cocinar y compartir en la mesa tiene connotaciones que sobrepasan las sugerencias de la vida material actual, connotaciones más profundas que religan a la especie humana y al gusto por la vida. Con criterio apuntaba esta realidad:

> Siguiendo las sugerencias del mercado y haciendo uso de sus servicios (pagados y generadores de beneficios), invitamos por ejemplo a nuestro socio a comer en un restaurante, alimentamos a nuestros hijos con hamburguesas de McDonald´s o llegamos a casa cargados con comida preparada en vez de improvisar algo en nuestra propia cocina; o compramos regalos caros para nuestros seres queridos a fin de compensar el poco tiempo que les dedicamos o la falta de ocasiones para hablar unos con otros, así como la escasez o ausencia total de manifestaciones convincentes de interés, atención y cariño personal. Ni siquiera el buen sabor de los platos del restaurante o el alto precio y las etiquetas de marcas prestigiosas que llevan los

---

[18] Zygmunt Bauman: *El arte de la vida*, Barcelona: Paidós, 2017.

regalos que venden en la tienda están a la altura del valor añadido de felicidad de los productos cuya ausencia o escasez tratamos de compensar: productos como reunirse alrededor de una mesa llena de alimentos que hemos preparado conjuntamente con la idea de compartirlos o ser escuchado con atención y sin prisas por una persona importante para nosotros a quien interesan nuestros pensamientos más íntimos, nuestras esperanzas y temores, y otras pruebas similares de atención amorosa, compromiso y cariño (Bauman, 2017).

Nos equivocamos cuando queremos convertir en habitual algo que ha sido considerado singular durante cientos de años. Las singularidades responden a un acontecimiento especial en un tiempo y espacio determinado; cuando se altera o se deslocaliza el lugar natural de cultivo o cría al que antes tenía acostumbrada a la población, la magia y el verdadero atractivo del alimento desaparecen, y lo convertimos en algo banal y sin interés.

Crear una receta es como crear una partitura, hay un buen número de aspectos a valorar y tomar en consideración si queremos elaborar un plato que exprese personalidad, carácter y frescura. Al igual que las notas musicales, cuando los ingredientes entran en escena ofrecen una cantidad infinita de posibilidades. Por lo tanto, cuando creamos una receta, incluso la misma receta, podemos reconocer matices bien distintos por el lugar y modelo de cultivo de los ingredientes, así como por la consciencia y amor en la forma que han sido manipulados, aspectos todos ellos que muestran la esencia e importancia de cada detalle para obtener resultados distintos. Con esto sostengo que crear una receta es contar una historia, y cada vez que creamos y elaboramos un plato estamos narrando un capítulo nuevo. A la hora de crear una receta es un don el saber encontrar y conjugar una bella armonía entre la cocina y el planeta, es por ello por lo que la cocina se tiene que expresar más allá de las recetas. Cada momento en la tierra es irrepetible y cada uno debemos dar nuestra mejor versión para poder crear y preparar el más bello plato atendiendo al continente y al contenido. Cocinar para nosotros o para otros nos da la posibilidad de vivir momentos únicos en torno a una elaboración, y no hay un plato igual, porque, aunque utilicemos los mismos ingredientes, cada momento es irrepetible. Es a los seres humanos a quienes corresponde poner consciencia en las acciones y actos que van a ser soporte para salvaguardar y elaborar un plato. Elaborar una receta es un acto de fe, un acto sagrado, místico, es una responsabilidad a todos los niveles, una acción que compromete al hombre con su destino, un ejercicio para expresar el reconocimiento a los reinos de la naturaleza, un momento irrepetible de expresión de uno mismo y su relación con su entorno; crear una receta es la imagen de cómo se ve y piensa uno mismo y lo que puede aportar a la tierra en la que vive.

Concientizar un plato es integrar desde el primer ingrediente al último su identidad, origen, variedad, modelo de cultivo, técnica culinaria, cultura gastronómica, equilibrio entre los reinos, sabor, etc. La calidad de la cocina no depende del precio, de la escasez de los ingredientes, de la cantidad de recursos necesarios para su concreción ni de la complejidad técnica para elaborarla, sino de saber apreciar la sencillez, entendiendo que esta no excluye lo bello. Muchas personas consideran que el prestigio en la cocina se da cuando no todo el mundo puede tener acceso a ella, pero lo cierto es que un alimento puede ser excelente y a la vez abundante. Es evidente que para los que viven del negocio y la especulación lo que está al alcance de todos no genera dinero ni un celo especial por poseerlo si todos pueden acceder a ello. Una serie de aspectos que deben sobresalir en un plato además del sabor son: el arraigo al territorio, la cultura que se ha construido en torno a él, la sostenibilidad y buena gestión en el uso de combustibles fósiles, y el equilibrio entre todos los reinos.

La interpretación de la gastronomía actual está en manos de los medios de comunicación, cuando los profesionales están a expensas de quien paga, la interpretación es partidista, subjetiva y su único fin —además de poner en riesgo el equilibrio de los reinos de la naturaleza— es fracturar y maltratar la diversidad y la cocina local. Las opiniones de algunos medios que califican y condicionan muchas conductas de la sociedad, y arbitrariamente dan o quitan prestigio a un negocio de hostelería, es intolerable e irresponsable. Nadie tiene la capacidad de ser juez y menos cuando se está al servicio de un pagador. En cambio, es un acto altruista y corresponsable el de aquel que visibiliza sin esperar contraprestación una cocina amparada en la cultura local, la gastronomía popular, la sostenibilidad y la divulgación de la diversidad en el planeta. Nadie, sin excepción, conoce todo en materia culinaria porque no lo ha probado todo; emitir un juicio de valor sobre si este plato o este cocinero es el mejor del mundo es una osadía, y atenta contra los principios morales y de prudencia natural del ser humano. Cuando se da una opinión se debe hacer a partir de una comparativa verdadera y ecuánime de la gestión de recursos, del conocimiento de la cultura, de la técnica..., y debe ser fiel a estos preceptos todos los días. Dirigir una cocina es como dirigir una orquesta, todos los instrumentos tienen que estar dispuestos, bien afinados, bien armonizados... Lo mismo debe ocurrir con los ingredientes. Solo hay un matiz que no se debe olvidar, la cocina con mayúsculas empieza en el campo. El éxito de un plato debe ser algo compartido, es un reconocimiento colectivo en el que intervienen el lugar, la biodiversidad, la mano de los guardianes del sabor y el talento de los profesionales de la cocina. Es un espacio de saber compartido por el sabor.

Cocinar por la vida es un fin y una acción que debería expresarse cotidianamente en las casas, en los hospitales, en las residencias, en los colegios..., en cualquier lugar del planeta, y sin importar la clase social, la religión o las ideas políticas. Cualquier acción que llevamos a cabo a la hora de cocinar merece una profunda reflexión, debido a que tiene importantes consecuencias de las que todos somos cómplices. Reconocer, aceptar y comprender las responsabilidades y consecuencias que se derivan de la cocina para uno mismo, para el colectivo y para el planeta es una máxima que todo ser humano debería considerar.

El alma de la Tierra está enferma del alma colectiva: cocinar para el colectivo es un excelente propósito de vida para sanar esta anomalía. Vivir el gusto por la vida es consecuencia de la conexión que cada individuo tiene con la Tierra.

Conclusión

Saber reflexionar es la llave para permitirnos reconocer, aceptar y habitar el orden en el planeta. El alimento y los hábitos en la comida conforman un conglomerado infinito de rituales y tradiciones que son la energía para el desarrollo y supervivencia de la humanidad. Recuperar el sentido y tomar el camino del equilibrio, la sensatez y la unidad, nos abre a la inspiración y permite crear nuevas e inéditas formas de concebir la vida en la tierra. Mi deseo es compartir y nutrir con mis actos y tomas de consciencia al colectivo. Comprender la relación perfecta que hay entre los reinos permite reconocer que el patrimonio alimentario está íntimamente ligado al ser humano, su equilibrio depende de nosotros y nosotros de su equilibrio. Al final de la vida cosechamos y recolectamos según nuestros actos, por lo que el rol del ser humano es comprender el entorno para trascender e ir más allá. Estar conscientes es estar abiertos a todo lo que vibra dentro y fuera de nosotros; por ello la consciencia es la energía de vida que debe animarnos a cada instante. Cocinar es crear, es un acto sublime, y el compromiso con la cocina debe ser un placer y una liberación, hay que vivirlo en total alegría. Vivir comprometidos con la cocina y todo cuanto está interrelacionado con ella permite evolucionar y crecer. La vida es armonía cuando encontramos el equilibrio a través de la cocina y la relación con los reinos. Tenemos que estar al cuidado de cada rincón de nuestro ser, tenemos que liberar nuestras células, cada día hay más desórdenes alimentarios y esto es fruto de una negación de la vida, del gusto de «ser». Cuando nutrimos con el gusto nuestro cuerpo físico, también nutrimos nuestros cuerpos sutiles. Bendecir la comida nos permite aumentar la tasa vibratoria del alimento.

Con la posición que adoptamos frente a la comida, reconocemos la energía que nos nutre. Debemos tomar la justa medida sin ser integristas, pero es evidente que, si nutrimos nuestro cuerpo de forma consciente, esta acción tiene trascendencia sobre el colectivo de la humanidad. La autenticidad del ser humano es acceder a la integridad suprema de su corazón: no estéis nunca en discordancia entre la palabra, la acción y los pensamientos profundos. Sois vuestros propios jueces, vuestros propios testigos, los propios actores de aquello que conforma la realidad de vuestro ser y de vuestros síes. Estamos viendo hacia dónde va el mundo, que no vamos a poder dar a nuestros herederos lo que hemos recibido, que los gobiernos solo hablan de las consecuencias materiales y no de los daños contra los seres humanos. Estremece observar la ausencia o pérdida de valores en algunos sectores de la población y ver como sus efectos impactan en el mundo. Volver a las leyes de la naturaleza, aquellas que los humanos no pueden deshacer, es tomar el camino para el encuentro con la Tierra, posiblemente no haya otra forma de cambiar para evolucionar. Aquello que no debe ser oculta lo que debe ser, por ello es necesario tomar consciencia de nuestros actos para poder comprender y discernir nuestra posición frente al alimento y el planeta. Tomar buenas decisiones para uno mismo, para la familia, para los amigos, para el colectivo de los seres humanos, es la razón de vivir.

Que este libro ayude a despertar y reflexionar de forma libre y predisponga a los lectores a un análisis interior para hallar dentro de cada uno la manera de aportar y cambiar fuera. No hay mayor satisfacción en un ser humano que sentarse a la mesa y reconocer a través de la comida la felicidad absoluta. Estamos en la tierra, quizás por lo peor, pero tal vez por lo mejor. Vivimos una etapa de la evolución de la humanidad muy importante, «las elecciones son la vida», pongamos objetivos en la vida, así tenemos referencias para saber qué dirección tomar. La evolución del mundo se hará por las elecciones de la humanidad. Elecciones por amor a la vida, elecciones que van más allá de nuestra propia existencia.

¡Luz, amor y eternidad!

Bibliografía

BAUMAN, Zygmunt (2005): *Vidas desperdiciadas*, 3.ª ed., Barcelona: Paidós, p. 62.

— (2017): *El arte de la vida*, 1.ª ed., Barcelona: Paidós, p. 148.

BARDAJÍ, Teodoro (1944): *Cocina para fiestas*, Madrid: Aldus.

— (2002): *La cocina de ellas*, Huesca: La Val de Onsera, p. 483.

BRILLAT-SAVARIN, Jean Anthelme (2012): *Fisiología del gusto*, Gijón: Trea, p. 29.

DELRIEUX, Didier y Abigaelle LACOMBE-DIDIER (2012): *La nutrición sensorial*, Maison Dunoyer, p. 46.

DIDIER, Danièle (2002): *Tratado de Telurología*, Tours: Parientès, p. 95.

— (2006): *Tarot mágico de las plantas*, Niza: Mercia du Lac, p. 15.

HARRIS, Marvin (1997): *Nuestra especie*, Salamanca: Alianza Editorial, pp. 128-129.

MONTANARI, Massimo (2006): *La comida como cultura*, Gijón: Trea, pp. 9-10.

PETRINI, Carlo (2007): *Bueno, limpio y justo*, Madrid: Polifemo, p. 191.

PLA, Josep (2001): *Lo que hemos comido*, 2.ª ed., Barcelona: Destino, p. 19.

STEINER, Rudolf (2006): *Curso sobre agricultura biológico-dinámica*, Madrid: Rudolf Steiner, p. 25.

VIDAL, Darío (1999): *Cierto sabor*, Zaragoza: Caja de Ahorros y Monte de Piedad de Zaragoza, Aragón y Rioja, p. 84.